AF326126

Théorie Complète

DE

L'HARMONIE

Raisonnée et expliquée

CONTENANT:

1ère Partie : Les *PRINCIPES ÉLÉMENTAIRES* par Demandes et Réponses.

2e Partie: Les *PRINCIPES SUPÉRIEURS* et des Articles Spéciaux sur
L'ANALYSE MUSICALE et la manière d'apprendre à écrire
Une *BASSE* Correcte sous un *CHANT.*

SUIVIE D'UN

ABRÉGÉ MÉTHODIQUE

DE

La Mélodie, du Contrepoint, du Canon et de la Fugue

PAR

Adolphe Le Carpentier

Op: 227.   Prix : 4 fr. net.

Propriété pour la France et l'Etranger.

MAISON J. MEISSONNIER FILS,

COMPAGNIE MUSICALE, Editeur - Commissionnaire, RUE DAUPHINE 18, PARIS.

PIANOS de BOISSELOT et FILS.

1860

PRÉFACE.

La connaissance de l'Harmonie devient de jour en jour plus générale, à mesure que l'on aperçoit la possibilité d'apprendre sans trop de difficulté cette science, considérée autrefois comme un mystère et une étude inabordable par les Amateurs, et même par la plupart des Artistes Musiciens.

Cette *Théorie* de l'*Harmonie*, basée sur les préceptes des méthodes suivies au Conservatoire, viendra seconder, je l'espère, ce mouvement intellectuel, en offrant aux Elèves, Artistes ou Amateurs, des principes raisonnés et expliqués, faciles à comprendre et à retenir.

J'ai adopté, pour la Première Partie de cet ouvrage, les formules par *Demandes* et *Réponses*, parcequ'elles me semblent les plus favorables à l'enseignement des *Principes élémentaires*.

La Seconde Partie, dans laquelle sont enseignées les règles moins élémentaires, que j'ai appelées *Principes supérieurs*, n'est plus par *Demandes* et *Réponses*, mais est toujours rédigée de manière à présenter des préceptes simples, clairs et concis, pouvant également se fixer dans la mémoire. On trouvera aussi dans cette seconde partie des articles très importants sur l'*Analyse musicale* et la manière d'apprendre à écrire une *Basse* correcte sous un *Chant*.

A la suite de la *Théorie* de l'*Harmonie*, j'ai placé un *Abrégé Méthodique* du *Contrepoint*, du *Canon* et de la *Fugue*. Le but de cet *Abrégé* est de donner aux Elèves les premières notions de ces différentes branches de la Composition musicale, et de leur apprendre le plus tôt possible la signification exacte de ces mots, afin de leur inspirer le désir d'approfondir les diverses connaissances qu'ils désignent, en les étudiant dans les traités spéciaux.

Un article consacré à la *Mélodie* traite du développement et de la carrure des phrases musicales.

Cet ouvrage a donc pour but, non seulement l'enseignement raisonné et complet de l'Harmonie, mais encore de servir d'introduction, ou plutôt d'initiation aux œuvres difficiles, en propageant, autant que possible, le goût des études sérieuses par la connaissance sommaire du *Contrepoint*, du *Canon* et de la *Fugue*.

Je le recommande aux Elèves studieux, et j'aime à croire que Messieurs les Professeurs l'adopteront avec autant de bienveillance que mes précédentes publications. (1)

A. LECARPENTIER.

---

(1) Messieurs les Professeurs qui ont déjà adopté mon *Ecole d'Harmonie* et *d'Accompagnement*, pourront se servir de ce nouvel ouvrage comme *Résumé complémentaire* du précédent, qui est plutôt pratique que théorique.

C. M

CONSERVATOIRE IMPERIAL

DE MUSIQUE ET DE DÉCLAMATION.

Extrait du Procès-Verbal
De la Séance du Comité des Études Musicales,
Du Jeudi 27 Octobre 1859.

Le Comité a examiné l'ouvrage de M! Adolphe LECARPENTIER, ayant pour titre: *THÉORIE COMPLÈTE DE L'HARMONIE*, raisonnée et expliquée, suivie d'un *Abrégé Méthodique*, de la *Mélodie*, du *Contrepoint*, du *Canon* et de la *Fugue*.

Cet ouvrage, qui se recommande par la concision et la clarté, expose les Principes de l'*Harmonie* sous une forme qui doit en faciliter l'étude et l'intelligence.

L'*Abrégé Méthodique*, placé à la suite de cette *Théorie*, contient en outre des notions sommaires sur le *Contrepoint*, le *Canon* et la *Fugue*, et peut être considéré comme une bonne introduction à des Études plus approfondies.

Le Comité des Études musicales a retrouvé dans cet ouvrage les qualités de Théoricien et de Professeur qu'il a déjà remarquées dans les autres productions didactiques du même Auteur; il n'hésite donc pas à l'approuver, et pense qu'il mérite une place parmi les meilleures Méthodes élémentaires.

AUBER, F. HALÉVY, Ambroise THOMAS, CARAFA, Georges KASTNER, G. VOGT, GALLAY, Émile PERRIN, Édouard MONNAIS, Commissaire impérial, C. DANCLA, PRUMIER père, A. de BEAUCHESNE Secrétaire.

THÉORIE COMPLÈTE DE L'HARMONIE
Raisonnée et expliquée.

PREMIÈRE PARTIE.
PRINCIPES ÉLÉMENTAIRES PAR DEMANDES ET RÉPONSES.

Ces Principes d'Harmonie peuvent être appris de mémoire, ou seulement
consultés comme Principes raisonnés et expliqués.

ARTICLE 1.

DE L'HARMONIE, DES ACCORDS.
DE LA *MÉLODIE* EN GÉNÉRAL.
DU RAPPORT EXISTANT ENTRE LA *MÉLODIE*
ET L'*HARMONIE.*

DEMANDE. *Qu'est-ce que l'Harmonie?*
RÉPONSE. L'Harmonie est une science
musicale, basée sur la réunion des *Sons.*
D. *Quels sont les éléments de cette science?*
R. Les éléments de l'*Harmonie* sont la
connaissance des Accords, et l'art de les en-
chaîner entr'eux.
D. *Qu'est-ce qu'un Accord?*
R. Un Accord est la réunion de plusieurs
sons entendus ensemble, et disposés suivant des règles particulières.
D. *Combien faut-il de sons pour former
un Accord?*
R. Pour former un Accord, il faut au moins
trois sons.

EXEMPLE.

ACCORD DE TROIS SONS.

D. *Y a-t-il des Accords de plus de trois
sons?*
R. Oui, il y a des Accords de plus de trois
sons.

D. *Qu'est-ce que la MÉLODIE?*
R. On appelle *Mélodie* plusieurs sons
entendus l'un après l'autre et formant une
phrase musicale, pouvant être exécutée
par la voix ou par un instrument de musique: ce que l'on nomme *Mélodie vocale
ou instrumentale.*

EXEMPLE.

MÉLODIE VOCALE OU INSTRUMENTALE.

D. *La MÉLODIE et l'HARMONIE peuvent-el-
les être réunies l'une à l'autre?*
R. Oui, la *Mélodie* et l'*Harmonie* peuvent être réunies l'une à l'autre.
D. *De quelle manière?*
R. La *Mélodie* est ordinairement la partie principale, et l'*Harmonie* sert à l'accompagner.

EXEMPLE.

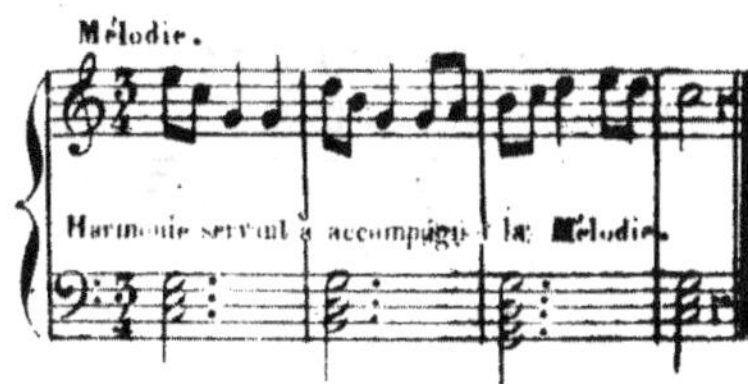

ARTICLE II.

QUALIFICATIONS DONNÉES AUX DEGRÉS DE LA GAMME.

D. Outre les noms avec lesquels on les solfie, chaque note de *la Gamme* n'a-t-elle pas une QUALIFICATION particulière?

R. Oui.

D. Quelle QUALIFICATION donne-t-on aux Degrés, ou aux différentes notes de la Gamme?

R. La première note de la Gamme s'appelle

Tonique.

1.er Degré.

Tonique.

La deuxième

Sus - tonique.

2.me Degré.

Sus - tonique.

La troisième

Médiante.

3.me Degré.

Médiante.

La quatrième

Sous-dominante.

4.me Degré.

Sous-dominante.

La cinquième

Dominante.

5.me Degré.

Dominante.

La sixième

Sus-dominante.

6.me Degré.

Sus-dominante.

La septième

Note sensible.

7.me Degré.

Note sensible.

La huitième est la répétition de la *tonique* une octave au-dessus.

8.me Degré.

Octave de la tonique.

RÉCAPITULATION.

1.er Degr. 2.e D. 3.e D. 4.e D. 5.e D. 6.e D. 7.e D. 8.e D.

Tonique...... Sus-tonique...... Médiante...... Sous-dominante...... Dominante...... Sus-dominante...... Note sensible...... Octave de la tonique......

D. D'où viennent ces qualifications données aux notes de *la Gamme?*

R. La première note s'appelle *Tonique,* parcequ'elle est la note principale, ou fondamentale du ton. La deuxième, *Sus-tonique,* parcequ'elle est au-dessus de la tonique. La troisième, *Médiante,* parcequ'elle sépare la tonique et la dominante, et qu'elle se trouve ainsi au milieu de ces deux degrés. La quatrième, *Sous-dominante,* parce qu'elle est au-dessous de la dominante. La cinquième, *Dominante,* parcequ'elle a le plus de rapport avec la tonique et domine les autres degrés. La sixième, *Sus-dominante,* parcequ'elle est au-dessus de la dominante; et la septième, *Note sensible,* parcequ'elle fait sentir le ton, lorsqu'elle se joint à l'octave de la tonique.

REMARQUE. Les deuxième, troisième et sixième notes de la Gamme sont celles qui ont le moins d'importance dans la tonalité: par cette raison on ne les désigne souvent en harmonie que par les noms de *deuxième, troisième et sixième degrés.*

ARTICLE III.

DES INTERVALLES ET DE LEURS DIFFÉRENTES DÉNOMINATIONS.

INTERVALLES MÉLODIQUES ET HARMONIQUES.

D. *Combien une Gamme renferme-t-elle d'INTERVALLES?*

R. Sept.

D. *Comment doit-on compter ces Intervalles?*

R. En partant du degré le plus grave, et en prenant l'un après l'autre tous les degrés suivants.

EXEMPLE.

GAMME D'UT MAJEUR.

D. Comment s'appellent ces Interval_les?

R. 1.er Intervalle parcourant deux degrés

s'appelle *Seconde* .....

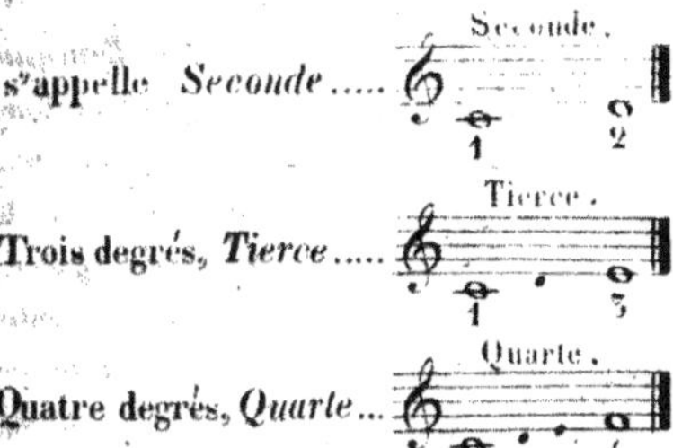

Trois degrés, *Tierce* .....

Quatre degrés, *Quarte* ...

Cinq degrés, *Quinte* ....

Six degrés, *Sixte* ....

Sept degrés, *Septième* ...

Huit degrés, *Octave* .....

REMARQUE. Deux sons entendus l'un après l'autre forment un *intervalle mélodique*; enten_dus ensemble, l'intervalle est *harmonique*.

EXEMPLE.

INTERVALLES MÉLODIQUES.

INTERVALLES HARMONIQUES.

Deux sons semblables exécutés par des voix différentes, ou différents ins_truments, s'appellent *unisson*.

Une Mélodie exécutée par plusieurs voix ou plusieurs instruments à différentes oc_taves de distance est également un unisson.

EXEMPLE.

Unissons.

ARTICLE IV.

DES DIFFÉRENTES QUALIFICATIONS DONNÉES AUX INTERVALLES. DU COMMA.

D. *Chaque Intervalle ne peut-il pas se présenter sous plusieurs aspects?*

R. Oui, chaque Intervalle peut se présen_ter sous plusieurs aspects, suivant le nom_bre de tons et de demi-tons dont il est com_posé.

D. *Chaque Intervalle n'a-t-il pas une* QUALIFICATION *particulière?*

R. Oui, chaque Intervalle a une *qualifi_cation* particulière, relative au plus ou moins de tons et de demi-tons qui le composent.

D. *Quelles sont ces différentes* QUALI_FICATIONS?

R. Les Intervalles peuvent être *justes, diminués, mineurs, majeurs et augmen_tés.*

D. *Que signifie la qualification de* JUSTE *donnée aux Intervalles?*

R. Les Intervalles naturels de *quarte, quin_te et octave* ont été appelés *justes*, parcequ' ils sont beaucoup moins agréables et de_viennent presque *faux* lorsqu'ils sont altérés.

D Que signifient les qualifications de DIMINUÉ, MINEUR, MAJEUR et AUGMENTÉ?

R. Un Intervalle a graduellement un demi-ton de plus à chacune de ces qualifications, en commençant par le plus petit qui est l'Intervalle diminué.

D Chaque Intervalle a-t-il toutes ces qualifications?

R. Non. Chaque Intervalle a au moins *trois* de ces qualifications et *quatre* au plus.

D Définissez les qualifications de chaque Intervalle.

R. Il y a *TROIS SECONDES:* La seconde *mineure,* la seconde *majeure* et la seconde *augmentée.*

QUATRE TIERCES: La tierce *diminuée,* la tierce *mineure,* la tierce *majeure* et la tierce *augmentée.*

TROIS QUARTES: La quarte *diminuée,* la quarte *juste* et la quarte *augmentée* ou triton.

TROIS QUINTES: La quinte *diminuée,* la quinte *juste* et la quinte *augmentée.*

QUATRE SIXTES: La sixte *diminuée,* la sixte *mineure,* la sixte *majeure* et la sixte *augmentée.*

TROIS SEPTIÈMES: La septième *diminuée,* la septième *mineure* et la septième *majeure.*

Il n'y a véritablement qu'une seule Octave qui est l'Octave *juste.*

On emploie quelquefois l'Octave *diminuée* et *augmentée,* mais principalement sous l'aspect mélodique.

TABLEAU DES INTERVALLES.

(1) Ainsi appelée parcequ'elle est composée de *trois tons.*

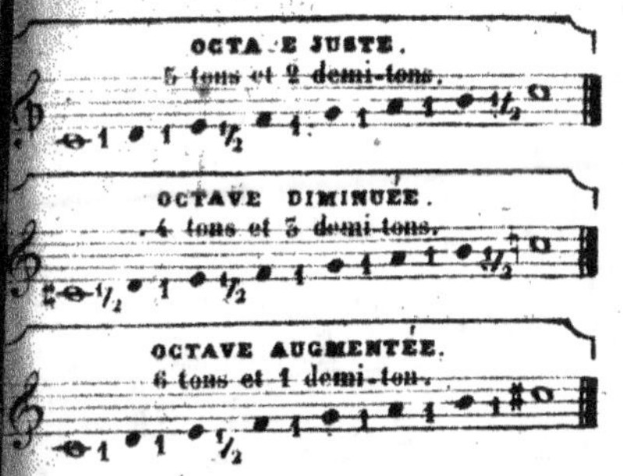

REMARQUE. Il y a deux sortes de demi-tons, le *demi-ton mineur*, quand la note ne change pas de nom, comme par exemple d'Ut à Ut ♯, et le *demi-ton majeur*, quand la note change de nom, comme par exemple d'Ut ♯ à Ré. On appelle *comma* la neuvième partie d'un ton. (Le mot *comma* vient d'un mot grec qui signifie membre de phrase.) Le demi-ton mineur contient qua—

tre commas, le demi-ton majeur en contient cinq.

EXEMPLE :

Ces différences ne sont pas appréciables avec le Piano, et le sont très peu de toute autre manière.

D. *Tous les Intervalles cités précédemment ne peuvent-ils pas être redoublés à l'octave et prendre alors d'autres noms?*

R. Oui, les Intervalles de *seconde, tierce, quarte, quinte, sixte, septième et octave,* peuvent être redoublés à l'octave, et prennent alors les noms de *neuvième, dixième, onzième, douzième, treizième, quatorzième* et *quinzième,* ou *double octave.*

EXEMPLE.

PREMIÈRE REMARQUE. On peut encore tripler et même quadrupler ces Intervalles, avec de certains instruments. Ces différentes extensions ne sont, toutefois, que les répliques des sept Intervalles contenus dans la gamme.

DEUXIÈME REMARQUE. Sur le clavier du piano la *seconde augmentée* Ut naturel et Ré dièze

les mêmes touches que la *tierce mineure* Ut

Cependant il y a une grande différence entre ces deux Intervalles. La seconde augmentée n'est composée que de *deux degrés,* la tierce mineure est composée de *trois.*

La même remarque subsiste pour les Intervalles suivants :

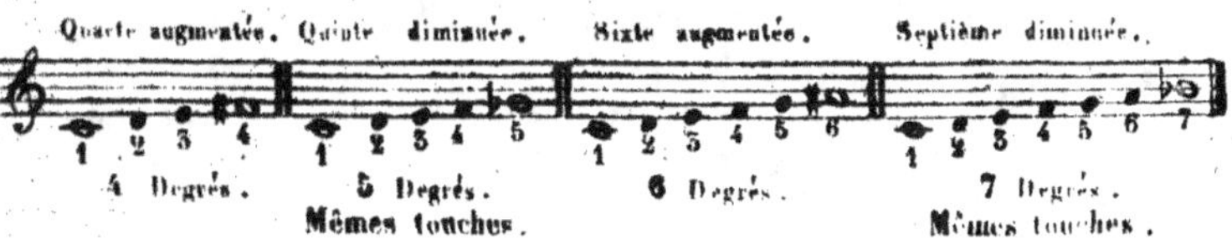

ARTICLE V.

DU RENVERSEMENT DES INTERVALLES.

D. Comment renverse-t-on un Intervalle?

R. En transportant à l'octave supérieure la note inférieure?

D. Donnez des exemples de renversements?

R. La *seconde*

étant renversée, devient *septième.*

La *tierce* renversée devient *sixte.*

La *quarte* renversée devient *quinte.*

La *quinte* renversée devient *quarte.*

La *sixte* renversée devient *tierce.*

La *septième* renversée devient *seconde.*

L'*octave* renversée ne forme plus un intervalle et devient *unisson.*

1re REMARQUE. En comptant les degrés composant un Intervalle et son renversement, on trouve toujours le nombre *neuf*; ainsi, la *seconde* renversée devient *septième*, (deux et sept font *neuf*) la *tierce* renversée devient *sixte*, (trois et six font *neuf*.) etc.

2me REMARQUE. Le renversement d'un Intervalle a toujours la qualification contraire à celle de cet Intervalle, ainsi à leurs renversements les Intervalles *diminués* deviennent *augmentés*, les *mineurs*, *majeurs*, etc. Les Intervalles *justes* restent *justes*.

EXEMPLE.

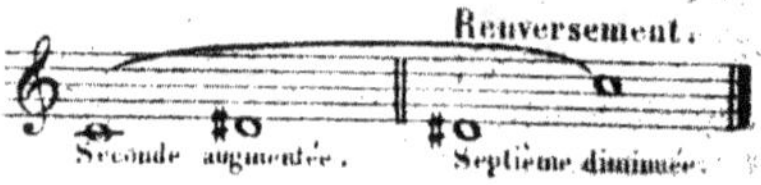

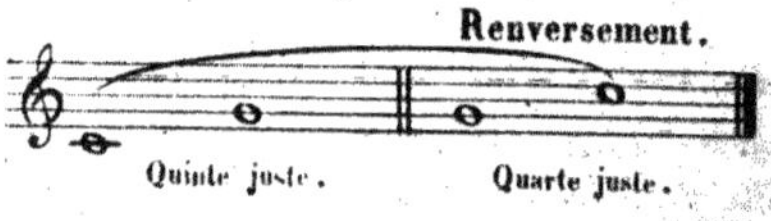

ARTICLE VI.

INTERVALLES HARMONIQUES CONSONNANTS ET DISSONNANTS. INTERVALLES MÉLODIQUES APPELÉS FAUSSES RELATIONS.

D. Qu'est-ce qu'un INTERVALLE CONSONNANT?

R. C'est un Intervalle qui résonne agréablement à l'oreille.

D. Quels sont les INTERVALLES CONSONNANTS?

R. Les *Intervalles consonnants* sont la *tierce*, la *quarte*, la *quinte*, la *sixte* et l'*octave*; ces Intervalles sont aussi appelés par abréviation, des *Consonnances*.

D. Ces CONSONNANCES *ne sont-elles pas divisées par catégories et désignées par différentes qualifications?*

R. Oui, les *Intervalles consonnants* ou *Consonnances* sont divisés par catégories et désignés par différentes qualifications.

D. Quelles sont ces différentes qualifications données aux CONSONNANCES?

R. Ces qualifications sont: *Consonnances parfaites*, *Consonnances imparfaites* et *Consonnance faible*.

D. Quelles sont les CONSONNANCES PARFAITES?

R. Les *Consonnances parfaites* sont la quinte et l'octave.

EXEMPLE.

CONSONNANCES PARFAITES.

D. Pourquoi ces Intervalles sont-ils appelés CONSONNANCES PARFAITES?

R. Parcequ'ils donnent une idée parfaite du ton, et ne peuvent être altérés sans devenir moins agréables; ce qui, comme on l'a vu déjà, leur a fait donner la qualification de *justes*.

D. Quelles sont les CONSONNANCES IMPARFAITES?

R. Les *Consonnances imparfaites* sont la *tierce* et la *sixte*.

EXEMPLE.

CONSONNANCES IMPARFAITES.

D. Pourquoi ces Intervalles sont-ils appelés CONSONNANCES IMPARFAITES?

R. Parcequ'ils ne donnent pas une idée aussi parfaite du ton que les autres Consonnances, et qu'ils peuvent être altérés sans devenir moins agréables.

D. Quel est l'Intervalle appelé CONSONNANCE FAIBLE?

R. L'Intervalle appelé *Consonnance faible* est la *quarte*.

EXEMPLE.

CONSONNANCE FAIBLE.

D. Pourquoi la QUARTE est-elle appelée CONSONNANCE FAIBLE?

R. La *quarte* est appelée *Consonnance faible* parcequ'elle est moins agréable que les autres Intervalles consonnants.

D. Qu'est-ce qu'un Intervalle DISSONNANT?

R. C'est un Intervalle dont l'effet est beaucoup moins agréable que les Intervalles consonnants.

D. Quels sont les Intervalles DISSONNANTS?

R. Les Intervalles *dissonnants* sont la *seconde* et la *septième*. Ces Intervalles sont aussi appelés par abréviation, des *Dissonnances*.

EXEMPLE.

DISSONNANCES.

D. Qu'est-ce qu'une FAUSSE RELATION?

R. On appelle *Fausse Relation* un Intervalle mélodique dont l'oreille ne se rend pas compte facilement et que la voix exécute difficilement avec justesse.

D. Quels sont les Intervalles mélodiques appelés FAUSSES RELATIONS?

R. Les Intervalles mélodiques appelés *Fausses Relations* sont la *seconde augmentée*, la *tierce diminuée*, la *tierce augmentée*, la *quarte diminuée*, la *quarte augmentée*, la *quinte diminuée*, la *quinte augmentée*, la *sixte diminuée*, la *sixte augmentée*, la *septième diminuée*, la *septième majeure*, l'*octave diminuée* et l'*octave augmentée*.

REMARQUE. Avec les instruments, les *Fausses Relations* sont quelquefois employées; avec les voix elles ne le sont que très rarement, à cause de leur difficulté d'intonation.

ARTICLE VII.

GAMMES MAJEURES ET MINEURES.
DES DIFFÉRENTES MANIÈRES DE FAIRE LES GAMMES MINEURES.
MODES MAJEUR ET MINEUR.

D. De combien de tons et de demi-tons est composée la GAMME MAJEURE?

R. La *gamme majeure* est composée de *cinq tons* et *deux demi-tons*.

D. Où sont placés les demi-tons dans la gamme majeure?

R. Dans la gamme majeure le premier demi-ton est placé entre le troisième et le quatrième degré (la médiante et la sous-dominante); le second est placé entre le septième et le huitième degré (la note

sensible et la tonique redoublée à l'octave).

D. Quelle TIERCE forment les trois premières notes de la gamme majeure?

R. Les trois premières notes de la gamme majeure forment une *tierce majeure* (deux tons).

D. N'y a-t-il qu'une seule manière de formuler les gammes majeures?

R. Oui, il n'y a qu'une seule manière de formuler les gammes majeures.

REMARQUE. Dans tous les autres tons majeurs, au moyen des dièzes et des bémols, les tons et les demi-tons sont placés comme dans la gamme d'Ut.

D. De combien de tons et de demi-tons est composée la gamme mineure?

R. De même que la gamme majeure, la gamme mineure est composée de cinq tons et deux demi-tons.

D. Où sont placés ces demi-tons dans la gamme mineure?

R. Dans la gamme mineure le premier demi-ton est placé entre le second et le troisième degré (la sus-tonique et la médiante); le second est placé, comme dans la gamme majeure, entre le septième et le huitième (la note sensible et l'octave de la tonique).

D. Quelle TIERCE forment les trois premières notes de la gamme mineure?

R. Les trois premières notes de la gamme mineure forment une *tierce mineure* (un ton et un demi-ton).

EXEMPLE.

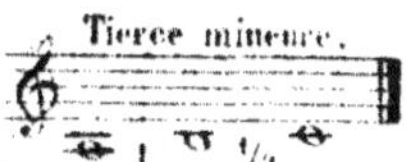

D. *Y a-t-il plusieurs manières de formuler les gammes mineures?*

R. Oui, il y a trois manières de formuler les gammes mineures.

EXEMPLE.

PREMIÈRE FORMULE DE LA GAMME MINEURE.

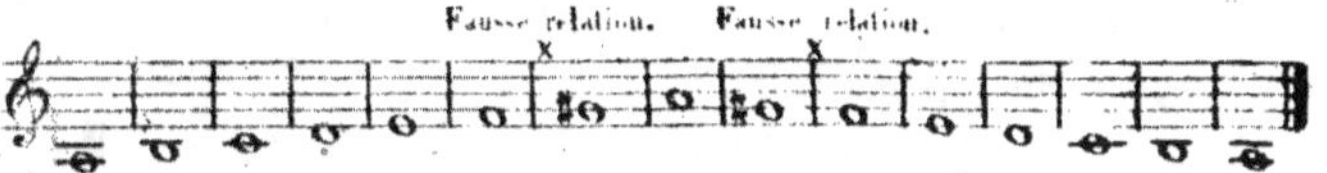

DEUXIÈME FORMULE DE LA GAMME MINEURE.

TROISIÈME FORMULE DE LA GAMME MINEURE. FORMULE LA PLUS USITÉE.

REMARQUE. Dans ces trois différentes formules, les trois premières notes de la gamme forment toujours une *tierce mineure*, ce n'est qu'au sixième degré, ou en descendant, que se trouve la différence.

Les deux premières de ces formules contiennent, entre le sixième et le septième degré, une *fausse relation de seconde augmentée*, assez désagréable à l'oreille; par cette raison la troisième formule, que l'on a ainsi modifiée pour éviter cet inconvénient, est généralement la plus usitée.

D. *Qu'entend-on en musique par le mot* MODE?

R. On entend le *ton* d'une gamme; ainsi au lieu de dire *tons* majeur et mineur, on peut dire *Modes* majeur et mineur.

REMARQUE. Le mot *Mode* vient des Grecs qui l'employaient pour désigner différents genres de musique.

ARTICLE VIII.

DES CHIFFRES SERVANT À FAIRE RECONNAITRE LES ACCORDS.

D. *Ne se sert-on pas de Chiffres pour indiquer les Accords?*

R. Oui.

D. *Dans quelle musique emploie-t-on principalement les Chiffres?*

R. Dans les accompagnements de Piano écrits sous les mélodies vocales, et usités dans l'ancienne musique.

D. *Quels rapports ces Chiffres ont-ils avec les Accords?*

R. Les chiffres indiquent toujours au moins un des intervalles composant l'Accord. Quelquefois *deux*, et plus rarement *trois* chiffres, placés l'un sous l'autre, indiquent deux ou trois intervalles.

REMARQUE. Ces chiffres correspondent: le 2 à la seconde, le 3 à la tierce, le 4 à la quarte, le 5 à la quinte, le 6 à la sixte, le 7 à la septième, le 8 à l'octave, et le 9 à la neuvième.

Les chiffres sont employés maintenant pour enseigner les accords en démontrant l'harmonie.

On trouvera page 13 à l'article IV. *de la basse chiffrée* d'autres instructions sur les *chiffres* et les *signes* servant à indiquer les accords.

DEUXIÈME PARTIE.
PRINCIPES SUPÉRIEURS.

ARTICLE I.
ACCORDS PARFAITS MAJEUR ET MINEUR 5
NOTE FONDAMENTALE.

Le plus naturel et le plus usité de tous les Accords est l'*Accord Parfait*, ainsi nommé parcequ'il donne l'idée parfaite du ton et du repos.

Il y a des *Accords Parfaits* de deux espèces.

L'Accord *Parfait majeur*, et l'Accord *Parfait mineur*.

L'Accord *Parfait majeur* est composé de *tierce majeure*,  et quinte juste, on peut ajouter l'octave. (1)

L'Accord Parfait majeur se chiffre par un cinq 5.

EXEMPLE.
ACCORD PARFAIT MAJEUR AVEC L'OCTAVE AJOUTÉE.

L'Accord *Parfait mineur* est composé de *tierce mineure* et quinte juste, on peut ajouter l'octave.

(1) Lorsqu'on dit seulement *octave*, il est sous-entendu que l'on parle de l'*octave juste*.

On le chiffre par un cinq 5, comme l'Accord Parfait majeur.

On verra plus loin que l'*Accord Parfait majeur et mineur* peut aussi être indiqué par un trois 3, ou un huit 8.

EXEMPLE.
ACCORD PARFAIT MINEUR AVEC L'OCTAVE AJOUTÉE.

La note la plus grave d'un Accord est appelée *Note fondamentale*.

On compte toujours les intervalles des accords en partant de la note fondamentale, ainsi, dans les deux exemples précédents, on prend successivement, la *tierce*, la *quinte* et l'*octave* d'UT, pour l'*accord parfait majeur*, et de LA pour l'*accord parfait mineur*.

La *tierce majeure* caractérise l'accord *parfait majeur*, la *tierce mineure* caractérise l'accord *parfait mineur*.

EXEMPLES DE DIFFÉRENTS ACCORDS PARFAITS MAJEURS ET MINEURS.

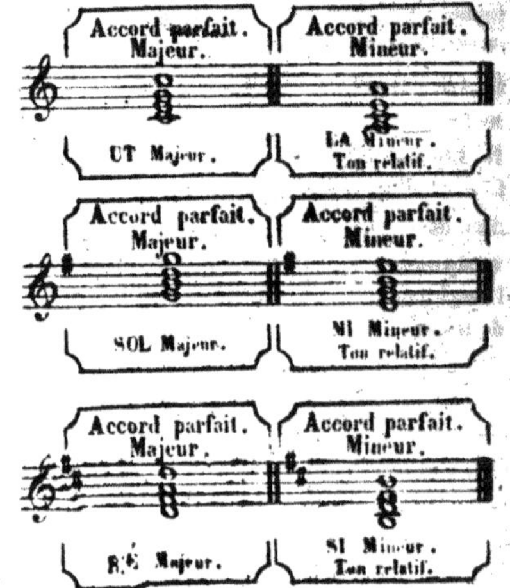

ARTICLE II.

DES NOTES DE LA GAMME SUR LESQUELLES PEUVENT ÊTRE PLACÉS LES ACCORDS PARFAITS MAJEUR ET MINEUR.

Lorsqu'on dit qu'un *Accord* peut être placé sur une *note* de la *gamme*, cela signifie que cet Accord est du nombre de ceux que l'on peut faire entendre sur cette *note* sans dénaturer la tonalité, c'est-à-dire sans détruire le sentiment du *ton* principal, ainsi:

Dans la gamme majeure, l'*Accord Parfait* majeur peut être placé sur le premier degré (la tonique), le quatrième (la sous-dominante), et le cinquième (la dominante).

Dans la gamme mineure, cet Accord peut être placé sur le *cinquième degré* (la dominante), et le sixième (la sus-dominante).

Dans la gamme mineure, l'*Accord Parfait* mineur peut être placé sur le *premier degré* (la tonique), et le quatrième (la sous-dominante).

Dans la gamme majeure, cet Accord peut être placé sur le deuxième degré (la sus-tonique), le troisième (la médiante), et le sixième (la sus-dominante).

ARTICLE III.

ACCORDS FONDAMENTAUX.
DES DÉRIVÉS OU RENVERSEMENTS DES ACCORDS.
ACCORD DE SIXTE (6) ET ACCORD DE QUARTE ET SIXTE ($\frac{6}{4}$), PREMIER ET DEUXIÈME RENVERSEMENTS DE L'ACCORD PARFAIT.

Un *Accord fondamental* est un Accord dont on tire des *dérivés* en le *renversant*.

Le *dérivé* ou le *renversement* d'un Accord, est ce même Accord présenté d'une autre manière, en changeant de place la note la plus basse.

On renverse un Accord comme on renverse un intervalle, c'est-à-dire, en transportant à la partie supérieure la note la plus grave.

L'*Accord Parfait* majeur étant composé de trois notes, a deux *renversements*: le premier appelé Accord de *Sixte*, le second Accord de *Quarte et Sixte*.

EXEMPLE.

12

L'Accord de *Sixte*, premier renversement de l'Accord Parfait majeur, est composé de tierce mineure, et sixte mineure, on peut ajouter l'octave.

On le chiffre par un six 6, il peut être placé, dans la gamme majeure, sur le troisième degré (la médiante), et le septième (la note sensible).

EXEMPLE.

ACCORD DE SIXTE 6.
1er RENVERSEMENT DE L'ACCORD PARFAIT AVEC L'OCTAVE AJOUTÉE.

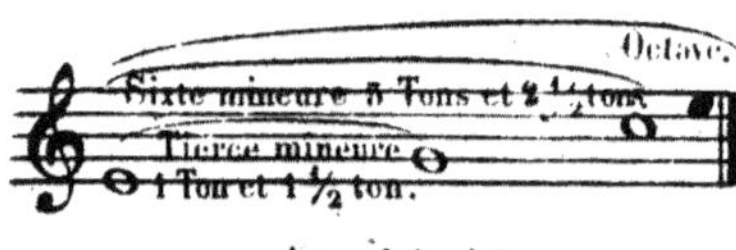

Accord de sixte.

L'Accord de *Quarte et Sixte*, second renversement de l'Accord Parfait majeur, est composé de *quarte juste* et *sixte* majeure, on peut ajouter l'octave.

On le chiffre par un quatre 4 placé dessous un six 6/4.

Il peut être placé, dans la gamme majeure et mineure, sur le premier degré (la tonique), et le cinquième (la sous-dominante).

EXEMPLE.

ACCORD DE QUARTE ET SIXTE 6/4
2e RENVERSEMENT DE L'ACCORD PARFAIT AVEC L'OCTAVE AJOUTÉE.

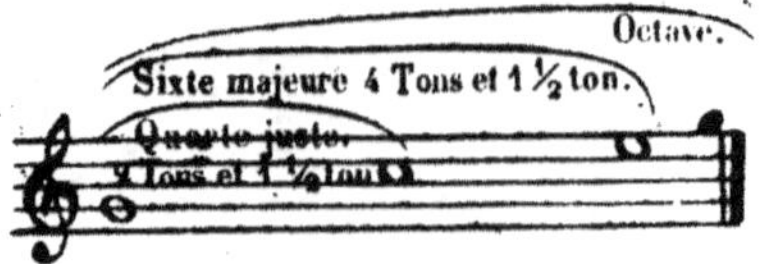

Les intervalles composant les renversements de l'Accord Parfait mineur sont les mêmes que les intervalles composant les renversements de l'Accord Parfait majeur, mais ils n'ont pas les mêmes qualifications.

EXEMPLE.

L'Accord de *Sixte*, premier renversement de l'Accord Parfait mineur, est composé de tierce majeure, et sixte majeure, on peut ajouter l'octave.

On le chiffre par un 6, comme le premier renversement de l'Accord Parfait majeur.

Il se place sur le troisième degré (la médiante) de la gamme mineure.

EXEMPLE.

ACCORD DE SIXTE 6.
1er RENVERSEMENT DE L'ACCORD PARFAIT MINEUR AVEC L'OCTAVE AJOUTÉE.

Accord de sixte.

L'Accord de *Quarte et Sixte*, second

renversement de l'Accord Parfait mineur, est composé de *quarte juste* et *sixte mineure*, on peut ajouter l'*octave*.

Il se chiffre par un quatre et un six $\frac{6}{4}$, comme le second renversement de l'accord parfait majeur, et se place sur les mêmes degrés dans les gammes majeure et mineure.

EXEMPLE.

ACCORD DE QUARTE ET SIXTE $\frac{6}{4}$.
2ᵉ RENVERSEMENT DE L'ACCORD PARFAIT MINEUR AVEC L'OCTAVE AJOUTÉE.

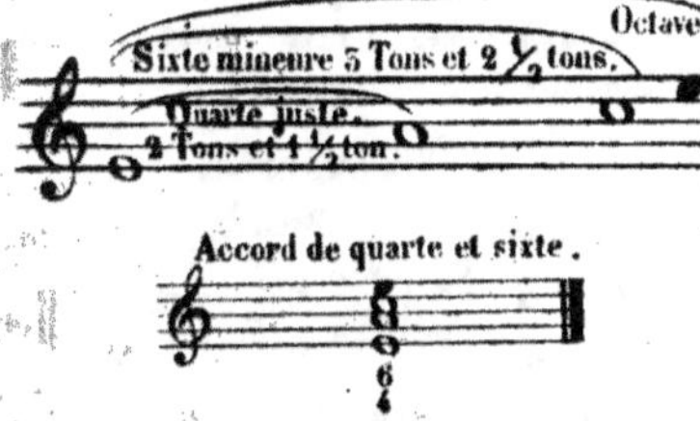

Accord de quarte et sixte.

$\frac{6}{4}$

ARTICLE IV.

DE LA BASSE CHIFFRÉE, ET DES SIGNES EMPLOYÉS POUR INDIQUER LES ACCORDS.

La *Basse chiffrée* est une partie écrite pour le *Piano*, ordinairement en clé de *fa*, servant à accompagner une mélodie, et dont les notes sont surmontées de chiffres.

On exécute la *Basse chiffrée* sur le *Piano*, en jouant la partie la plus grave écrite en clé de *fa* avec la main gauche, tandis que la main droite, d'après les chiffres indiqués sur les notes, fait entendre différents Accords.

On se sert encore d'autres signes que des chiffres pour indiquer les Accords.

D'abord, lorsqu'un Accord doit être prolongé sur plusieurs notes, on l'indique par une *barre* placée après le chiffre.

EXEMPLE.

Ensuite, on se sert du *Dièze*, du *Bémol* et du *Bécarre*, lorsque l'intervalle indiqué par ce chiffre doit être altéré ou remis dans son ton naturel par un de ces accidents; ainsi, pour un *Accord Parfait*, si la *quinte* doit être altérée accidentellement par un *dièze* ou un *bémol*, on l'indique par un *cinq* précédé d'un *dièze* ou d'un *bémol*, #5 ou b5; si la *quinte* doit être remise dans son ton naturel, on l'indique par un *cinq* précédé d'un *bécarre* ♮5.

Lorsqu'un signe accidentel est placé seul au-dessus d'une note, cela signifie que cette note doit être accompagnée, à la main droite, par l'*Accord Parfait* et que la *tierce* de cet *Accord Parfait* doit être altérée, par le signe accidentel écrit au-dessus de la note.

ARTICLE V.

DES MOUVEMENTS EN GÉNÉRAL.
OU MOUVEMENT DES CONSONNANCES ET DES DISSONNANCES.
DE L'ENCHAÎNEMENT DES ACCORDS.

Quand deux parties vont ensemble, elles peuvent procéder par trois *Mouvements*.

Le *Mouvement oblique*, lorsqu'une partie reste en place et que l'autre monte ou descend.

EXEMPLE.
MOUVEMENT OBLIQUE.

Le *Mouvement contraire*, lorsque les parties vont en sens inverse.

EXEMPLE.
MOUVEMENT CONTRAIRE.

Le **Mouvement semblable**, lorsque les parties vont dans le même sens.

EXEMPLE.

MOUVEMENT SEMBLABLE.

On peut faire plusieurs *tierces* ou plusieurs *sixtes* de suite par *mouvement semblable*, parceque ces intervalles consonnants, ainsi placés, sont agréables à l'oreille.

EXEMPLE.

TIERCES DE SUITE PAR MOUVE_ MENT SEMBLABLE.

Bien.

SIXTES DE SUITE.

Bien.

Il faut éviter de faire des *quintes* de suite par *mouvement semblable*, parceque ces intervalles, ainsi placés, sont désagréables à l'oreille.

EXEMPLE.

QUINTES DE SUITE PAR MOUVEMENT SEMBLABLE.

Mal.

Les *quintes* de suite sont encore plus désagréables, lorsqu'elles sont produites par des *Accords Parfaits* placés à la suite l'un de l'autre.

ACCORDS PARFAITS FAISANT DES QUINTES DE SUITE.

Mal.

EX:

REMARQUE. Deux quintes de suite sont désagréables, parcequ'elles caractérisent deux tons étrangers l'un à l'autre.

Une *quinte diminuée* venant après une *quinte juste* est tolérée, surtout par mouvement descendant, parcequ'elle ne caractérise pas deux tons étrangers.

EX:

Lorsque deux Accords se suivent, il ne faut pas faire d'*octaves* de suite par *mouvement semblable*, parceque cela n'est pas harmonieux.

EXEMPLE.

Mal.   Bien.

On peut faire plusieurs *octaves* de suite, lorsque ces *octaves* sont considérées comme des *unissons*.

EXEMPLE.

UNISSON.   Bien.

Quand des Accords se suivent, on les enchaîne entre eux en les rapprochant le plus possible l'un de l'autre, et en évitant les *quintes* et les *octaves* de suite.

EXEMPLE.

ENCHAÎNEMENT DE L'ACCORD PARFAIT MA_ JEUR ET DE SES DEUX RENVERSEMENS. ACCORDS DE SIXTE ET DE QUARTE ET SIXTE.

Accords indiqués par les chiffres et enchaînés l'un à l'autre.

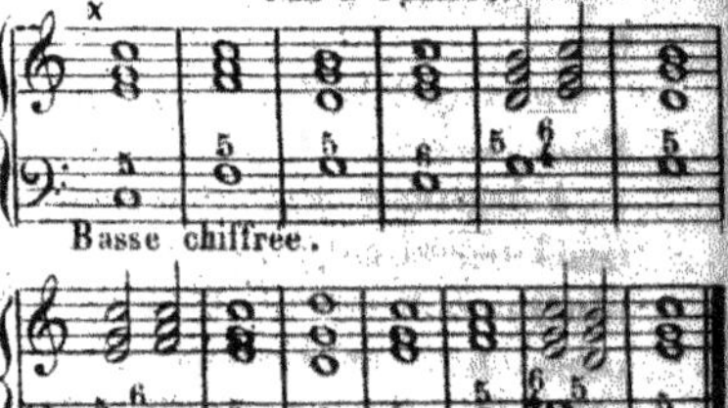

ENCHAÎNEMENT DE L'ACCORD PARFAIT MI_ NEUR ET DE SES DEUX RENVERSEMENS. ACCORDS DE SIXTE ET DE QUARTE ET SIXTE.

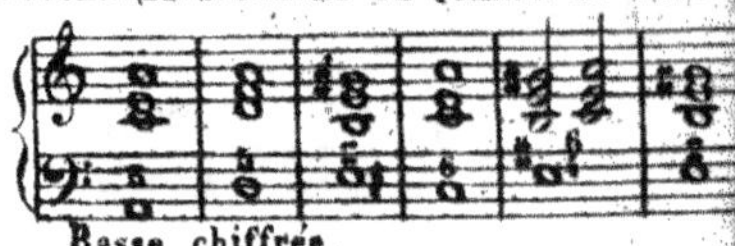

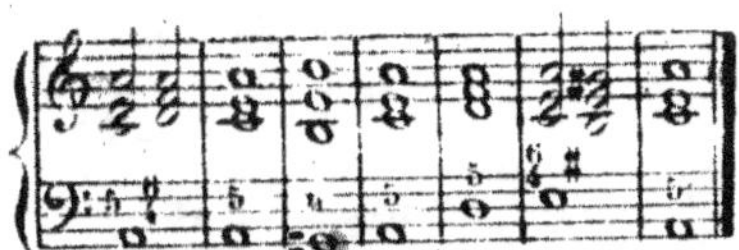

Dans l'enchaînement des Accords les intervalles de *septième* et de *seconde* doivent toujours *descendre d'un degré* sur l'Accord qui les suit; c'est ce qu'on appelle *résoudre une dissonnance*.

Une dissonnance doit se résoudre sur une *consonnance*.

EXEMPLE.

Dans l'intervalle *dissonnant* de *septième* c'est la note SUPÉRIEURE qui est dissonnance.

Dans l'intervalle *dissonnant* de *seconde*, c'est la note INFÉRIEURE qui est dissonnance.

Cette différence vient de ce que la seconde est formée du renversement de la *septième*.

Il n'y a donc véritablement qu'une *dissonnance*, qui est celle de *septième*; la *seconde* n'étant que son renversement(1)

ARTICLE VI.

ACCORD DE QUINTE DIMINUÉE (5̶) ET SES DEUX RENVERSEMENTS.

1.ᵉʳ RENVERSEMENT, ACCORD DE SIXTE (6)

2.ᵉ RENVERSEMENT, ACCORD DE QUARTE AUGMENTÉE ET SIXTE ($^6_{4+}$)

L'Accord ayant le plus d'analogie avec l'accord *parfait mineur* est l'accord de *Quinte diminuée*. Cette analogie consiste en ce que l'accord de *Quinte diminuée* est composé de *tierce mineure* et quinte, comme l'accord *parfait mineur*; mais ce qui en constitue la différence c'est que la *quinte de l'accord parfait*

(1) On verra l'application de cette règle en lisant l'ARTICLE VII sur l'Accord de *septième dominante*, page 16.

mineur est *juste*, et qu'elle est diminuée dans l'accord de *Quinte diminuée*, comme l'indique son nom.

L'accord de *Quinte diminuée* ne donne pas l'idée parfaite du ton et du repos, et il est beaucoup moins usité que l'accord parfait.

Cet accord peut s'employer dans les modes *majeur* et *mineur*; mais on l'emploie de préférence dans le mode *mineur*, parce qu'il y est d'un effet plus agréable que dans le mode *majeur*.

L'accord de *Quinte diminuée* est composé de *tierce mineure* et quinte diminuée, on peut ajouter l'octave.

Cet Accord se chiffre par un cinq barré 5̶, il peut être placé, dans le mode majeur, sur le septième degré (la note sensible) et dans le mode mineur, sur le deuxième (la sus-tonique).

EXEMPLE.

ACCORD DE QUINTE DIMINUÉE 5̶ AVEC L'OCTAVE AJOUTÉE.

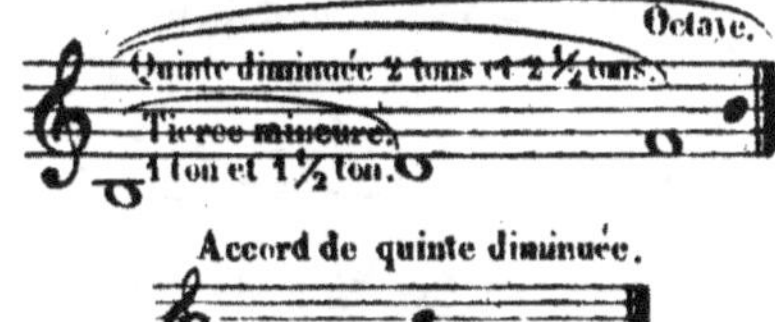

L'Accord de *Quinte diminuée*, étant composé de trois notes, a deux *renversements*, le premier appelé Accord de *sixte*, le second Accord de *quarte augmentée et sixte*.

EXEMPLE.

L'Accord de *Sixte*, premier renversement de l'accord de *Quinte diminuée* est composé de *tierce mineure* et *sixte majeure* on peut ajouter l'octave.

On le chiffre le plus ordinairement par un six 6, quelques auteurs le chiffrent par un six précédé d'une croix x6.

Il peut être placé, dans le mode majeur, sur le second degré, (la sus-tonique) et dans le mode mineur, sur le quatrième (la sous-dominante).

EXEMPLE.

ACCORD DE SIXTE, PREMIER RENVERSEMENT DE L'ACCORD DE QUINTE DIMINUÉE 6, AVEC L'OCTAVE AJOUTÉE.

Accord de sixte.

L'Accord de *Quarte augmentée et Sixte*, *second renversement* de l'accord de *Quinte diminuée* est composé de *quarte augmentée ou triton* et sixte majeure, on peut ajouter l'octave.

Il se chiffre par un quatre, précédé d'une croix placée dessous un six $\frac{6}{x4}$.

Il ne s'emploie que dans le mode mineur et peut être placé sur le sixième degré (la sus-dominante).

EXEMPLE.

ACCORD DE QUARTE AUGMENTÉE ET SIXTE $\frac{6}{x4}$, SECOND RENVERSEMENT DE L'ACCORD DE QUINTE DIMINUÉE AVEC L'OCTAVE AJOUTÉE.

Accord de quarte augmentée et sixte.

Cet accord est très peu usité.

Enchaînement de l'accord de Quinte diminuée et de son premier renversement, accord de sixte dans le mode majeur.

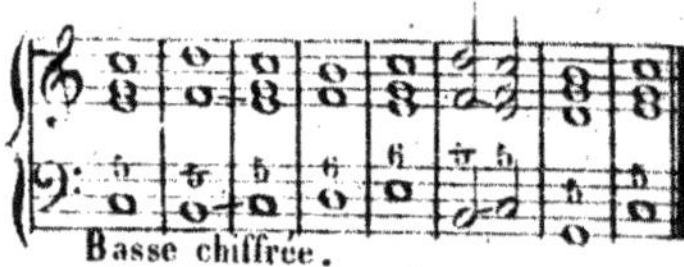

REMARQUE. Dans l'accord de *quinte diminuée*, la *quinte diminuée* n'est pas une *dissonnance* et cependant, cet intervalle doit *descendre d'un degré* sur l'accord suivant, lorsque la *note sensible* placée à la basse monte à la *tonique*, comme on peut le vérifier sur l'exemple précédent.

Enchaînement de l'accord de Quinte diminuée et de ses deux renversemens, accords de sixte et de quarte augmentée et sixte; dans le mode mineur.

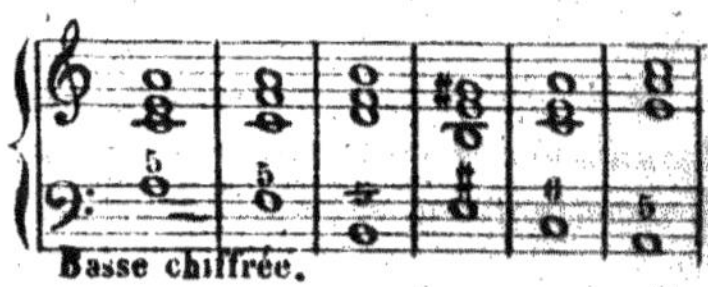

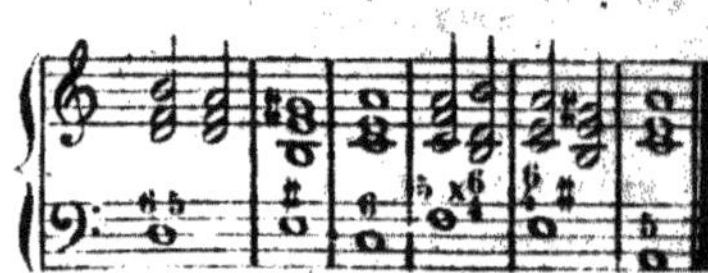

REMARQUE. Il n'est toléré de faire deux quarte et sixte de suite que lorsqu'elles sont placées comme dans l'exemple précédent.

ARTICLE VII.

ACCORD DE SEPTIÈME DOMINANTE (7) ET SES TROIS RENVERSEMENTS.

1er RENVERSEMENT: ACCORD DE SIXTE ET QUINTE DIMINUÉE ($\frac{6}{5}$).

2e RENVERSEMENT: ACCORD DE SIXTE SENSIBLE (+)

3e RENVERSEMENT: ACCORD DE TRITON (x4)

Après l'Accord Parfait, qui est un Ac

cord *consonnant*, l'Accord le plus na_ turel et le plus usité est l'Accord de *Septième dominante*, qui est un Accord *dissonnant*.

L'Accord de *Septième dominante* est composé de *tierce majeure*, quinte juste, et sep_ tième mineure.

On le chiffre par un sept suivi d'u_ ne croix 7x, la croix peut être aussi placée dessous le sept $\frac{7}{x}$.

Cet Accord peut être placé, dans les modes majeur et mineur, sur le cinqui_ ème degré, (la dominante) comme l'in_ dique son nom.

EXEMPLE.
ACCORD DE SEPTIÈME DOMINANTE 7X.

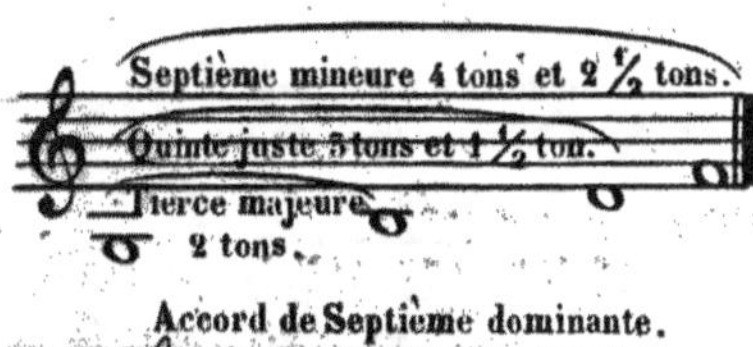

REMARQUE. En ajoutant une *septième* mi_ neure à l'*Accord Parfait majeur* on forme un Accord de *Septième dominante*.

Dans l'enchaînement des Accords, la *septième* étant dissonnance doit tou_ jours, *descendre d'un degré* sur l'accord suivant, et la *tierce* étant *note sensible* doit monter d'un degré.

L'Accord de *Septième dominante*, é_ tant composé de quatre notes, a *trois renversements*.

Le premier appelé Accord de *Sixte* et *Quinte diminuée*, le second Accord de *Sixte* sensible, et le troisième Accord de *Triton*.

Les deux intervalles ayant une *réso_ lution obligée* dans l'accord primitif conservent ces mêmes *résolutions* aux *renversements*.

EXEMPLE.

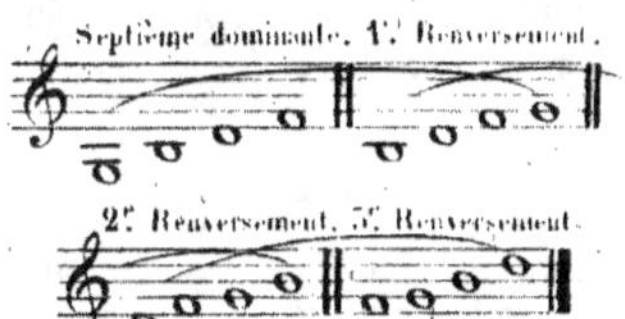

SEPTIÈME DOMINANTE ET SES TROIS REN_
VERSEMENTS AVEC LEURS RÉSOLUTIONS
OBLIGÉES.

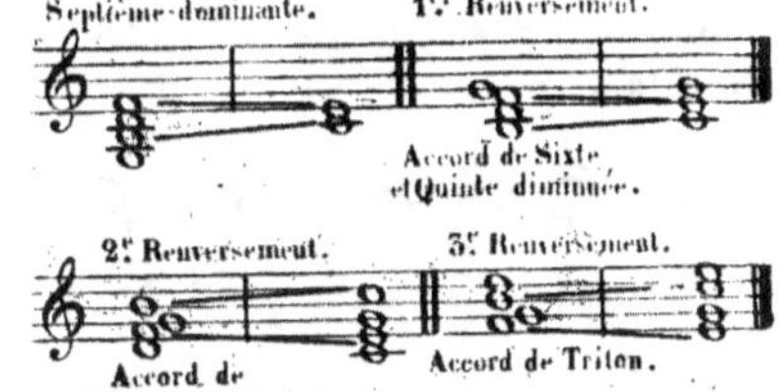

L'Accord de *sixte* et *quinte diminuée*, premier *renversement* de l'Accord de *Sep_ tième dominante*, est composé de *tierce mineure*, quinte diminuée, et sixte mineure.

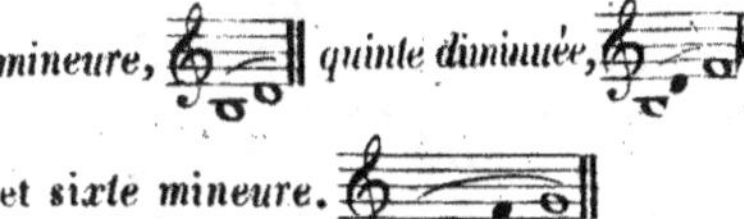

On le chiffre par un cinq barré placé dessous un six $\frac{6}{5}$.

Cet Accord peut être placé, dans les modes majeur et mineur, sur le septième degré (la note sensible).

EXEMPLE.
ACCORD DE SIXTE ET QUINTE DIMINUÉE.
PREMIER RENVERSEMENT DE L'ACCORD DE
SEPTIÈME DOMINANTE.

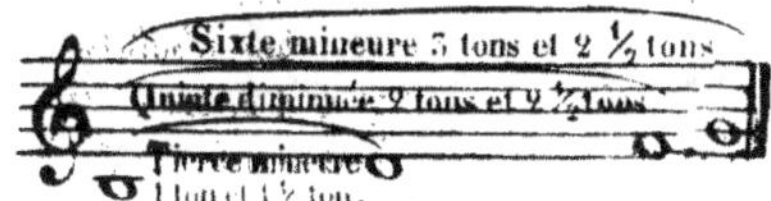

On ne doit *jamais* ajouter l'octave.

Les intervalles ayant une résolution obligée sont, dans l'Accord de *sixte* et *quinte diminuée*, la *quinte diminuée* formant SECONDE contre la *sixte*, descendant d'un degré, et la note la plus basse qui est *note sensible* et monte d'un degré.

EXEMPLE.

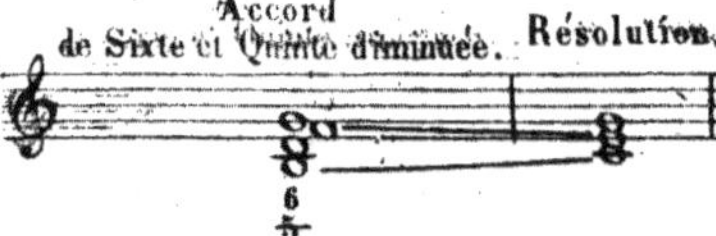

L'Accord de *sixte sensible*, second renversement de l'Accord de *Septième dominante*, est composé de *tierce mineure*,  *quarte juste*, et *sixte majeure*.

On le chiffre par un six barré ₆.

Il peut être placé, dans les modes majeur et mineur, sur le second degré (la sus-tonique).

EXEMPLE.

ACCORD DE SIXTE SENSIBLE ₆.

SECOND RENVERSEMENT DE L'ACCORD DE SEPTIÈME DOMINANTE.

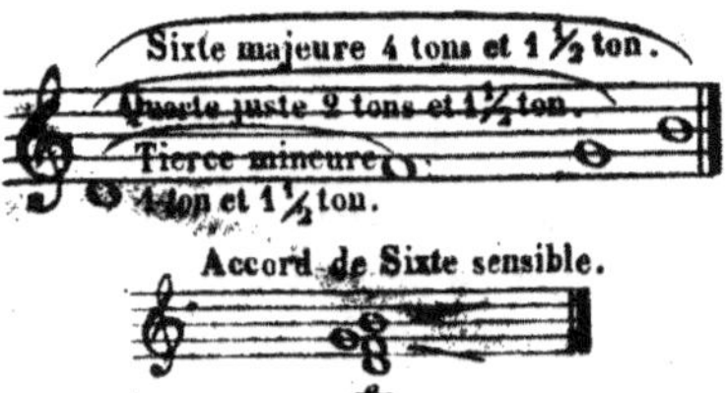

On peut quelquefois ajouter l'octave, mais généralement on ne l'ajoute point.

Les intervalles ayant une résolution obligée sont, dans l'Accord de *sixte sensible*, la *tierce* formant SECONDE contre la *quarte*, descendant d'un degré, et la *sixte*, qui est *note sensible* et monte d'un degré.

EXEMPLE.

Sixte sensible. Résolution.

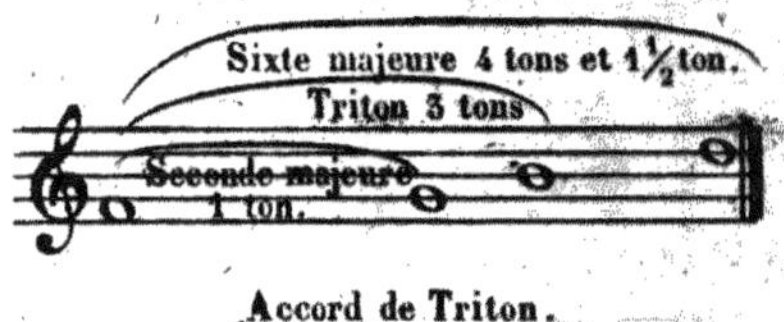

L'Accord de *triton*, troisième renversement de l'Accord de *Septième dominante*, est composé de *seconde majeure*, *quarte augmentée ou triton*, et *sixte majeure*.

On le chiffre par un quatre précédé d'une croix ×4.

Il peut être placé, dans les modes majeur et mineur, sur le quatrième degré (la sous-dominante).

EXEMPLE.

ACCORD DE TRITON ×4.

TROISIÈME RENVERSEMENT DE L'ACCORD DE SEPTIÈME DOMINANTE.

On ne doit *jamais* ajouter l'octave.

Les intervalles ayant une résolution obligée sont, dans l'Accord de *triton*, la note la plus basse qui est *seconde*, descendant d'un degré, et le *triton* qui est *note sensible* et monte d'un degré.

EXEMPLE.

Accord de Triton. Résolution.

MODE MAJEUR.

MODE MINEUR.

ARTICLE VIII.

DES MODULATIONS ET DE LA TRANSITION. DES TONS RELATIFS ET SYNONYMES.

Moduler, ou faire une *Modulation*, c'est passer d'un ton dans un autre, suivant de certaines règles.

Il y a deux sortes de *Modulations*, la *Modulation passagère* et la *Modulation fixe*.

La *Modulation passagère* est celle qui n'a lieu que pendant peu de mesures et laisse toujours entrevoir le ton principal.

La *Modulation fixe* est celle qui, au moyen de *Modulations intermédiaires*, fait intervenir un *ton relatif* au ton principal et établit positivement ce *ton relatif*, pour ne revenir que plus tard au *ton principal*.

Une *Transition* est une *Modulation* fixe, mais qui s'attaque sans Modulations intermédiaires.

On appelle *relatifs* les tons ayant le plus de rapport avec le ton principal.

Dans le mode majeur, les tons ayant le plus de rapport avec le ton principal sont: d'abord le *relatif mineur*, ensuite le ton de la *dominante* et son *relatif mineur*, puis le ton de la *sous-dominante* et son *relatif mineur*.

En prenant le ton d'*Ut naturel* pour ton principal, on peut moduler: en *La mineur*, *Sol majeur*, *Mi mineur*, *Fa majeur* et *Ré mineur*.

Outre ces *Modulations*, il y en a encore d'autres, mais elles sont moins usitées; ainsi, en prenant toujours *Ut majeur* pour *ton principal*.

On peut moduler encore en *Ut mineur*, ce que l'on appelle un ton *synonyme*.

On peut aussi moduler en *Mi bémol majeur* et en *La bémol majeur*, parce

---

(1) L'Accord Parfait se chiffre par un 3, lorsqu'une dissonnance fait sa résolution sur la tierce.
(1)(2)(3)(4) Les notes ayant une résolution obligée ne doivent point être doublées.

que ces deux tons sont relatifs d'*Ut* mineur.

En prenant *La mineur* comme ton principal, on peut moduler en *Ut majeur*, ton relatif, et en *Mi majeur* comme ton de la *dominante*, Puis en *Sol majeur* et *Mi mineur*, *Fa majeur* et *Ré mineur*, comme dans le *relatif majeur* qui est *Ut*. On peut aussi moduler en *La majeur*, ton synonyme.

L'Accord de *Septième dominante* et ses *renversements*, ayant la propriété de caractériser fortement le ton, sont ceux employés le plus fréquemment pour moduler. (On en trouvera des exemples à l'article XVII ayant pour titre, des différentes manières de moduler Page 37)

ARTICLE IX.

ACCORD DE SEPTIÈME SENSIBLE $\frac{7}{5}$ DANS LE MODE MAJEUR, OU DE SEPTIÈME DE SECONDE DANS LE MODE MINEUR, ET SES TROIS RENVERSEMENTS.

PREMIER RENVERSEMENT ACCORD DE QUINTE ET SIXTE SENSIBLE ($\times\frac{6}{5}$).

DEUXIÈME RENVERSEMENT, ACCORD DE TIERCE MAJEURE ET TRITON ($\times\frac{4}{3}$).

TROISIÈME RENVERSEMENT, ACCORD DE SECONDE (2).

L'Accord de *Septième* sensible est composé de *tierce mineure,* quinte diminuée, et *septième*.

On ne doit jamais ajouter l'octave.

La *septième* et la *quinte* descendent d'un degré à leur résolution. L'Accord de *Septième* sensible se chiffre par un sept placé dessus un cinq barré $\frac{7}{5}$.

Dans le mode *majeur*, on peut placer cet Accord sur la *note sensible*, ce qui lui donne son nom, et dans le mode *mineur*, on peut le placer sur la *seconde note* de la gamme, ce qui, dans ce mode, lui fait donner le nom de *septième de seconde* (1).

REMARQUE. En ajoutant une septième mineure aux deux intervalles composant L'Accord de quinte diminuée, on forme L'Accord de septième sensible.

L'accord de *Septième* sensible ayant quatre notes, a trois *renversements*, le premier appelé Accord de *quinte et sixte sensible*, le second Accord de *triton* avec tierce majeure, et le troisième Accord de *seconde*.

(*) On donne encore à cet Accord le nom de *Septième mixte*, parcequ'il peut être employé dans les deux modes.

L'Accord de *quinte et sixte* sensible, premier renversement de l'Accord de Septième sensible, est composé de tierce

mineure, quinte juste,

et sixte majeure.

On ne doit jamais ajouter l'octave.

La *quinte* formant seconde contre la sixte descend d'un degré. Dans le mode majeur, la sixte est *note sensible* et monte d'un degré. L'Accord de *quinte et sixte* sensible se chiffre par un six précédé d'une croix placée dessus un cinq ×$\frac{6}{5}$.

Quelques auteurs ne mettent pas de croix devant le six $\frac{6}{5}$.

On peut le poser sur le *deuxième degré* (la sus-tonique), dans le mode *majeur*, et sur le *quatrième* (la sous-dominante), dans le mode *mineur*.

EXEMPLE.

ACCORD DE QUINTE ET SIXTE SENSIBLE ×$\frac{6}{5}$. PREMIER RENVERSEMENT DE L'ACCORD DE SEPTIÈME SENSIBLE.

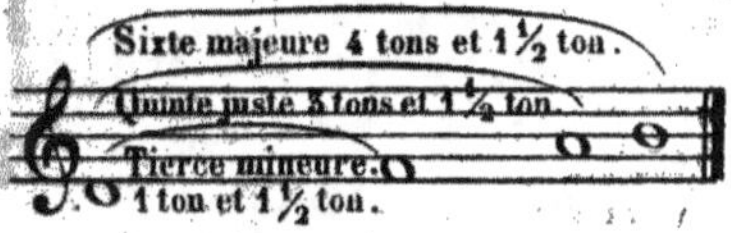

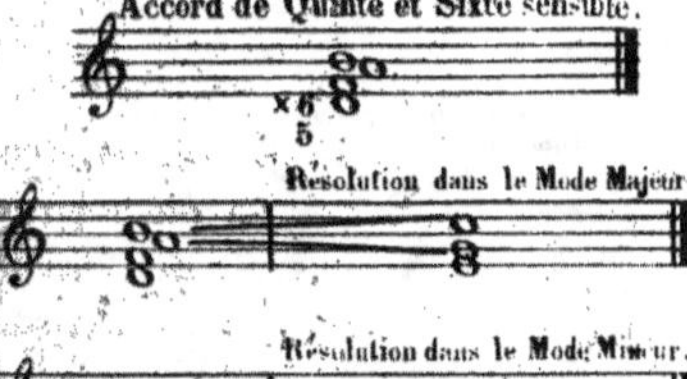

L'Accord de *triton* avec tierce majeure, second renversement de la Septième sensible, est composé de tierce majeure, quarte augmentée ou triton, et sixte

majeur.

On ne doit jamais doubler l'octave.

La *tierce* formant SECONDE contre la quarte, descend d'un degré dans le mode majeur, la quarte étant *note sensible* monte d'un degré. L'Accord de tierce majeure et triton se chiffre par un quatre précédé d'une croix placé dessus un trois ×$\frac{4}{3}$.

On peut le poser sur le *quatrième degré* (la sous-dominante), dans le mode majeur, et sur le *sixième* (la sus-dominante), dans le mode *mineur*.

EXEMPLE.

ACCORD DE TRITON AVEC TIERCE MAJEURE ×$\frac{4}{3}$ SECOND RENVERSEMENT DE L'ACCORD DE SEPTIÈME SENSIBLE.

L'Accord de *seconde*, troisième renversement de l'Accord de Septième sensible, est composé de seconde majeure, quarte juste,

et sixte mineure.

On ne doit jamais doubler l'octave.

La note la plus basse étant SECONDE descend d'un degré.

L'Accord de *seconde* se chiffre par un deux 2.

On peut le poser sur le *sixième*

degré (la sus-dominante), dans le mode majeur, et sur le *premier degré* (la tonique), dans le mode *mineur*.

EXEMPLE.

ACCORD DE SECONDE 2.

TROISIÈME RENVERSEMENT DE L'ACCORD
DE SEPTIÈME SENSIBLE.

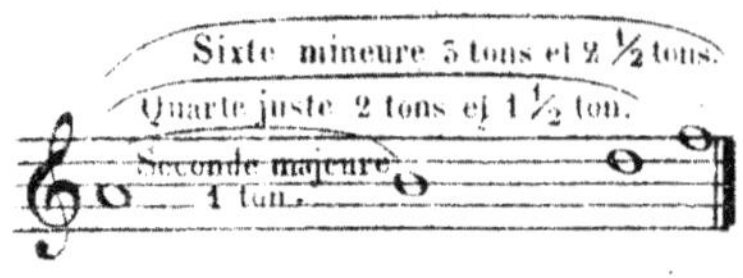

REMARQUE. L'Accord de *septième sensible* et ses *renversements* sont beaucoup moins naturels que l'Accord de *septième dominante* et ses *renversements*: aussi, dans l'enchaînement des accords, pour donner à la *septième sensible* plus de douceur, on supprime quelquefois la *tierce*; et dans le *premier* et le *second renversement*, on évite de faire entendre l'une à côté de l'autre les deux notes formant *seconde majeure*. Pour le troisième *renversement*, on fait entendre généralement la *note de basse* accompagnée par un autre accord, avant de l'accompagner par l'Accord de *seconde*.

Lorsqu'une note est ainsi entendue d'avance au temps précédent, on dit qu'elle est *préparée*.

EXEMPLE.

ENCHAÎNEMENT DE L'ACCORD DE SEPTIÈME SENSIBLE ET DE SES TROIS RENVERSEMENTS

MODE MAJEUR.

MÊME ACCORD, PORTANT LE NOM DE SEPTIÈME DE SECONDE DANS LE MODE MINEUR, ET SES TROIS RENVERSEMENTS.

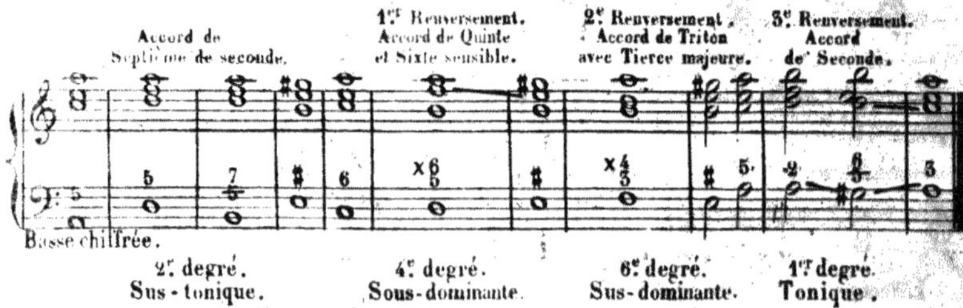

ARTICLE X.

ACCORD DE SEPTIÈME DIMINUÉE, APPELÉ
AUSSI SEPTIÈME SENSIBLE DU MODE MINEUR

ET SES TROIS RENVERSEMENTS.

PREMIER RENVERSEMENT, ACCORD DE QUINTE
DIMINUÉE ET SIXTE SENSIBLE.

DEUXIÈME RENVERSEMENT, ACCORD DE TRITON

L'Accord de *Septième diminuée* a une grande analogie avec l'Accord de *Septième sensible*.

Cette analogie consiste en ce que les deux premiers intervalles composant l'Accord de *septième diminuée* sont, comme dans l'Accord de *septième sensible*, une *tierce mineure* et une *quinte diminuée*, et que, dans le *mode majeur*, la *septième diminuée* peut être placée, comme la *septième sensible*, sur la *note sensible*.

Ce qui constitue la différence existant entre ces deux Accords, c'est la *septième* qui est *mineure* dans la *septième sensible*, et *diminuée* dans la *septième diminuée*.

L'Accord de *Septième diminuée* est composé de *tierce mineure*, *quinte diminuée*, et *septième diminuée*,

On ne doit jamais ajouter l'*octave*.

La *septième* et la *quinte* descendent d'un degré à leur résolution.

L'Accord de *Septième diminuée* se chiffre par un 7

Dans les *modes majeur* et *mineur*, on peut placer cet Accord sur le *septième degré* (la note sensible), ce qui lui fait donner le nom de *septième sensible* du mode *mineur* par quelques auteurs.

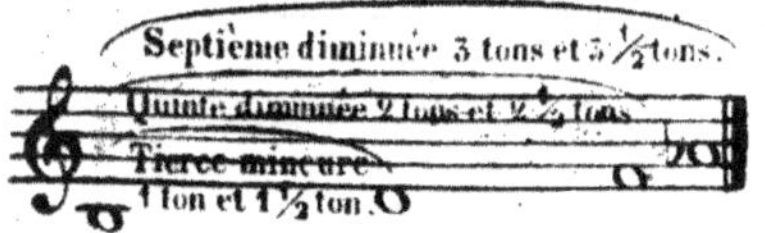

L'Accord de *Septième diminuée*, étant composé de quatre notes, a trois *renversements*.

Le premier appelé Accord de *quinte diminuée et sixte sensible*.

Le second, Accord de *triton avec tierce majeure*, et le troisième accord de *seconde augmentée*.

L'Accord de *quinte diminuée et sixte sensible*, premier renversement de l'Accord de *Septième diminuée*, est composé de *tierce mineure*, *quinte diminuée*, et *sixte majeure*,

On ne doit jamais ajouter l'*octave*.

La *quinte* formant *seconde* contre la *sixte* descend d'un degré, la *sixte* étant note sensible monte d'un degré.

L'Accord de *quinte diminuée et sixte sensible* se chiffre par un cinq barré placé dessous un six précédé d'une croix ×6/5̶

On peut le placer, dans les *modes majeur* et *mineur*, sur le *deuxième degré* (la sus-tonique).

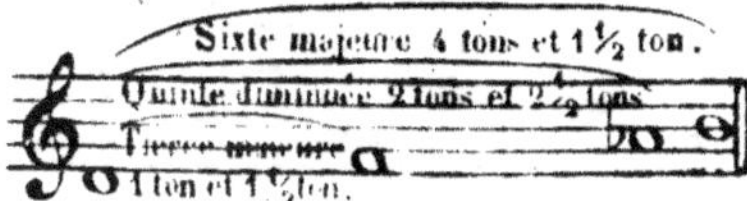

L'Accord de *triton* avec *tierce mineure*, second *renversement* de l'Accord de *Septième diminuée*, est composé de *tierce mineure*, *quarte augmentée ou triton*, et *sixte majeure*.

On ne doit jamais ajouter l'*octave*.

La *tierce* formant *seconde* contre la *quarte* descend d'un degré, le *triton* tant *note sensible* monte d'un degré.

L'Accord de *triton* avec tierce mineure se chiffre par un *trois* placé dessous un *quatre* précédé d'une croix ×4/3, lorsque la *tierce* est naturellement *mineure*; lorsque, pour être mineure, la *tierce* doit être altérée par un *bémol*, ou remise dans son ton naturel par un *bécarre*, on l'indique en plaçant un de ces signes seul, dessous le *quatre* ×4/♭ ×4/♮.

On peut placer l'Accord de *triton* avec *tierce mineure* sur le *quatrième degré* (la sous-dominante), dans les modes *majeur* et *mineur*.

EXEMPLE.
ACCORD DE TRITON
AVEC TIERCE MINEURE ×4/♭ ou ×4/3
DEUXIÈME RENVERSEMENT DE L'ACCORD
DE SEPTIÈME DIMINUÉE.

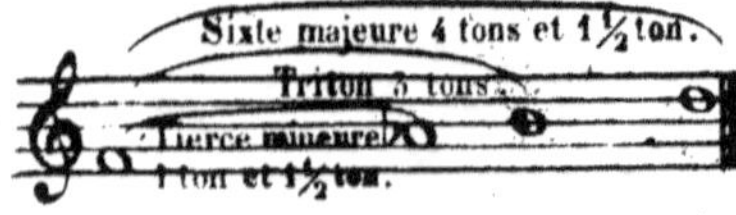

L'Accord de *seconde augmentée*, troisième *renversement* de l'Accord de *Septième diminuée*, est composé de *seconde augmentée*, *quarte augmentée ou triton*, *sixte majeure*.

On ne doit jamais ajouter l'*octave*.

La note la plus basse étant SECONDE descend d'un degré.

La note *supérieure* de la seconde étant *note sensible* monte d'un degré.

L'Accord de *seconde augmentée* se chiffre par un *deux* précédé d'une croix ×2.

On peut le placer, dans les *modes majeur* et *mineur*, sur le *sixième degré* (la sus-dominante).

Lorsque l'Accord de *seconde augmentée* est employé dans le mode *majeur*, le *sixième degré* doit être altéré par un *signe* qui le baisse d'un demi-ton, suivant le ton où l'on est.

EXEMPLE.
ACCORD DE SECONDE AUGMENTÉE ×2.
TROISIÈME RENVERSEMENT DE L'ACCORD
DE SEPTIÈME DIMINUÉE.

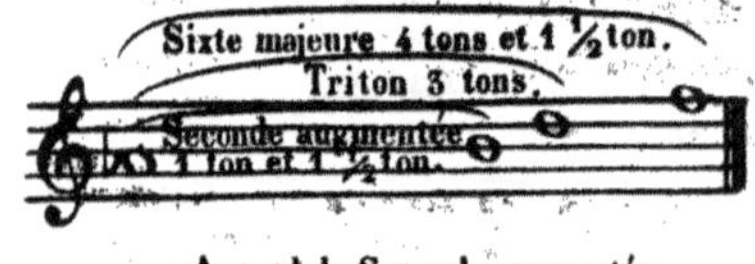

REMARQUE. L'Accord de *septième diminuée* est plus agréable que l'Accord de *septième sensible*. Il est généralement plus usité dans le mode *mineur* que dans le *majeur*.

ENCHAÎNEMENT DE L'ACCORD DE SEPTIÈME DIMINUÉE ET DE SES TROIS RENVERSEMENTS.

MODE MAJEUR.

ENCHAÎNEMENT DE L'ACCORD DE SEPTIÈME DIMINUÉE ET DE SES TROIS RENVERSEMENTS.

MODE MINEUR.

ARTICLE XI.

ACCORD DE NEUVIÈME MAJEURE ET DE NEUVIÈME MINEURE DOMINANTE $\left(\frac{9}{7\text{x}}\right)\left(\frac{\flat 9}{7\text{x}}\right)$, ET LEURS RENVERSEMENTS.

L'Accord de *Neuvième majeure dominante* est composé de cinq notes.

Les quatre premières représentent exactement les intervalles formant l'Accord de *Septième dominante*.

La cinquième note est une *Neuvième majeure* ou une *Neuvième mineure*.

On ne doit jamais ajouter l'*octave*.

Comme dans la *septième dominante*, la *septième* descend d'un degré et la *tierce*, qui est *note sensible*, monte d'un degré.

La *neuvième* doit aussi descendre d'un degré.

Cet Accord se chiffre par un neuf placé dessus un sept suivi d'une croix $\frac{9}{7\text{x}}$.

Il peut se placer sur la *dominante* dans les *deux modes*.

EXEMPLE.

ACCORD DE NEUVIÈME MAJEURE DOMINANTE.

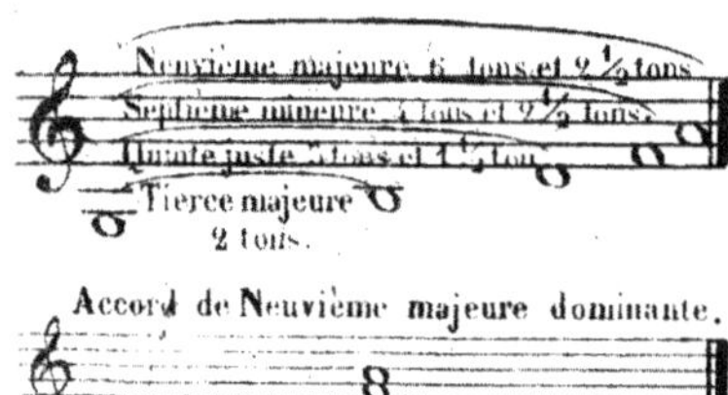

Accord de Neuvième majeure dominante.

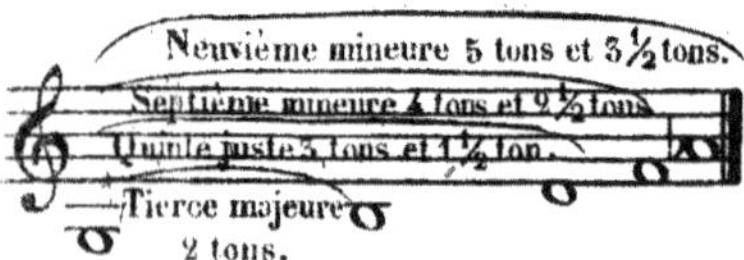

ACCORD DE NEUVIÈME MINEURE DOMINANTE.

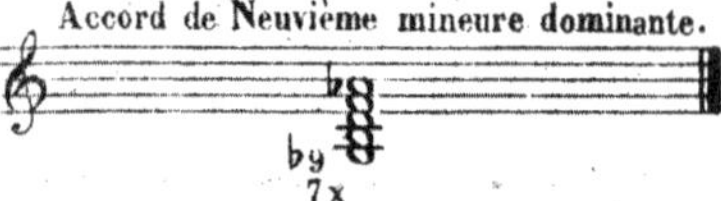

Accord de Neuvième mineure dominante.

Dans l'emploi de cet Accord, on re_tranche la *quinte*, pour que l'effet en soit plus agréable.

REMARQUE. D'autres Accords, ayant rapport avec celui-ci, sont considérés comme ses *ren_versements*, bien qu'il ne soit pas possible de les renverser suivant les règles ordinaires.

L'Accord de *Neuvième dominante* est peu usité.

Les Accords considérés comme ses renversements le sont encore moins, et n'ont pas de dénomination particulière.

Les Exemples suivants ne sont donc mentionnés ici que pour compléter les Accords du même genre.

PREMIER RENVERSEMENT DE LA NEU_VIÈME MAJEURE ET MINEURE DOMINANTE.

Composé de *tierce mineure*, *quinte di_minuée*, *sixte mineure* et *septième mi_neure* (diminuée dans le mode mineur).

Il peut être placé sur la note sensi_ble et se chiffre $\frac{7}{6}$ dans le mode majeur, et dans le mode mineur $\frac{7}{6}$.

EXEMPLE.

DEUXIÈME RENVERSEMENT.

Composé de *tierce mineure*, *quarte juste*, *quinte juste* (diminuée dans le mo_de mineur), à l'octave au-dessus.

Il peut être placé sur le deuxième de_gré et se chiffre $\frac{x6}{5}$ dans le mode majeur, et $\frac{x6}{5}$ dans le mode mineur.

EXEMPLE.

TROISIÈME RENVERSEMENT.

Composé de *seconde majeure*, *tierce majeure* (mineure dans le mode mineur),

à l'octave au-dessus.

Il peut être placé sur la sous-domi_nante et se chiffre $\times^{\frac{4}{3}}_{2}$ dans le mode ma_jeur, et $\times^{\frac{6}{5}}_{2}$ dans le mode mineur.

EXEMPLE.

Dans le mode majeur, la *neuvième dominante* et ses *renversements* sont le mélange de la *septième dominante* et de la *septième sensible*, et dans le mode mineur, de la *septième dominante* et de la *septième diminuée*.

Ils ne sont tolérables qu'en les présentant comme on l'a vu dans les Exemples précédents; c'est-à-dire en mettant toujours la note, qui dans le principe était à la basse, à distance de neuvième de la dissonnance de neuvième majeure ou mineure.

ARTICLE XII.

HARMONIE SIMPLE OU NATURELLE,
HARMONIE COMPOSÉE OU ARTIFICIELLE.
NOTES PROLONGÉES ET RETARDÉES.
ACCORDS DE SEPTIÈMES PROVENANT DU RE_TARD DE LA SIXTE.
ACCORD DE SEPTIÈME DU SECOND DEGRÉ.
ACCORD DE SEPTIÈME MAJEURE.(7)
LEURS RENVERSEMENTS.

On appelle *Harmonie simple ou natu_relle*, les Accords étudiés précédemment et pouvant être attaqués sans préparation, c'est-à-dire sans avoir été entendus au temps précédent.

On appelle *Harmonie composée, ou ar_tificielle*, les Accords ne pouvant être en_tendus qu'après avoir été *préparés*.

Une Note *prolongée* est une Note fai_sant partie d'un accord se *prolongeant* dans l'accord suivant et *retardant* une note de cet accord; ainsi, deux accords de *sixte* descendant d'un degré, comme par exemple SOL. FA.

formeront une *septième*, si l'on *retarde* la seconde *sixte* en prolongeant la pre_mière.

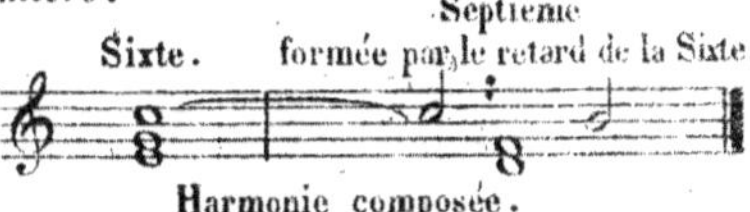

En ajoutant une *quinte* à ces interval_les, on forme une *septième* composée de *tierce mineure, quinte juste et septième mineure.* Elle est appelée par CATEL *Sep_tième mineure*, mais comme elle peut être placée sur le second degré du mode majeur, elle est nommée par quelques au_teurs, *Septième de seconde du ton majeur*.

Cette *septième* se chiffre par un sept 7.

EXEMPLE.

SEPTIÈME DE SECONDE DU MODE MAJEUR.

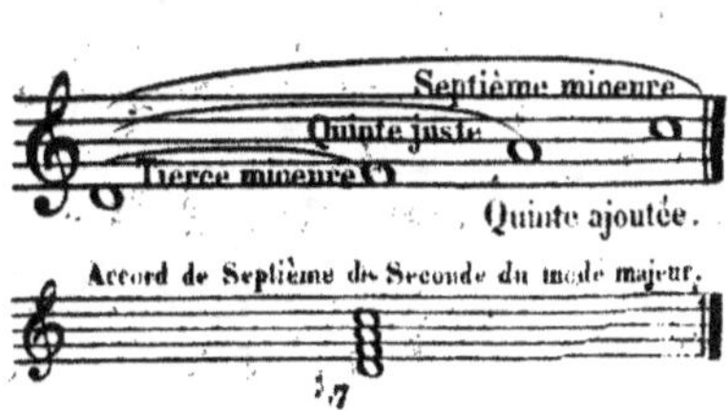

Cette **Septième** a trois *renversements*.

EXEMPLE.

PREMIER RENVERSEMENT

appelé Accord de *quinte et sixte* : composé de *tierce majeure, quinte juste* et *sixte majeure*.

Il peut être placé sur la *sous-dominante* et se chiffre $\frac{6}{5}$.

DEUXIÈME RENVERSEMENT

appelé Accord de *tierce et quarte* : composé de *tierce mineure, quarte juste* et *sixte mineure*.

Il peut être placé sur le sixième degré et se chiffre $\frac{4}{3}$

On n'emploie que très rarement ce second renversement.

TROISIÈME RENVERSEMENT

appelé Accord de *seconde* : composé de *seconde majeure, quarte juste* et *sixte mineure*.

Il peut être placé sur la *tonique* et se chiffre 2.

Dans cet accord, la *septième* étant formée d'une *prolongation*, doit toujours être *préparée*, tant dans l'accord *primitif* qu'à ses *renversements*; ainsi, au premier renversement, la *quinte*, au second, la *tierce*; et au troisième, la *seconde*, doivent toujours être préparées. Il est sous-entendu que ces intervalles doivent ensuite se *résoudre* en *descendant* d'un degré.

EXEMPLE.

ENCHAÎNEMENT DE L'ACCORD DE SEPTIÈME DE SECONDE DU MODE MAJEUR ET DE SES TROIS RENVERSEMENTS.

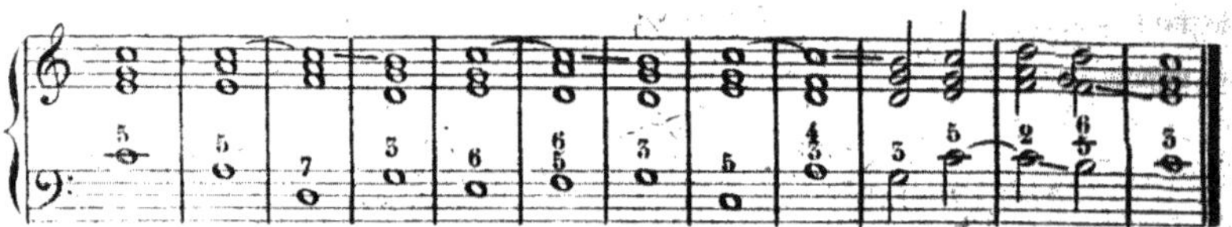

Cette septième peut être employée dans le mode majeur.

Appartenant ainsi aux deux modes, on peut aussi lui donner le nom de *Septième mixte*.

EXEMPLE.

MÊMES ACCORDS EMPLOYÉS DANS LE MODE MINEUR.

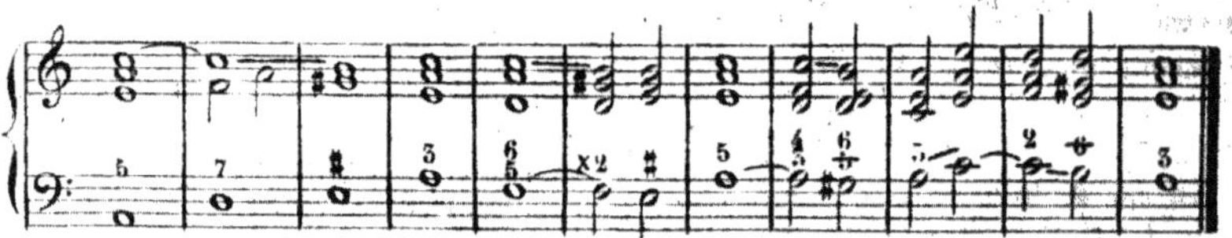

Le *retard* de la *sixte* peut encore donner une *Septième majeure*.

EXEMPLE.

En ajoutant une *quinte* à ces inter_valles, on forme une *Septième*, composée de *tierce majeure, quinte juste* et *septième majeure*.

EXEMPLE.

On trouve trois renversements.

EXEMPLE.

Cet Accord de *Septième majeure* ne caractérise pas le ton, et peut être employé dans le mode majeur ou mineur comme la septième citée précédemment; par cette raison on peut aussi le nommer *Septième mixte*.

Lorsqu'un des intervalles doit être altéré, on l'indique en plaçant un signe d'altération devant le chiffre correspondant à l'intervalle altéré.

L'Accord de *Septième mixte* et ses *renversements*, étant d'un effet assez dur, ne sont guère employés que dans des suites d'accords appelées aussi *Marches d'Harmonie* (1) ce qui en atténue la dureté.

Les règles concernant la *préparation* et la *résolution des dissonnances* sont les mêmes pour tous les *Accords de prolongation*.

EXEMPLE.

SUITE DE SEPTIÈMES RETARDANT LA SIXTE.

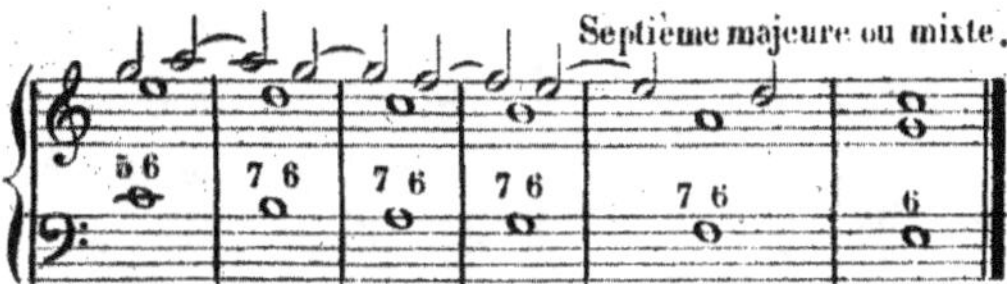

SUITE D'ACCORDS DE QUINTE ET SIXTE.

Le *second renversement* de la Septième mixte, étant d'un effet très dur, est inusité.

SUITE D'ACCORDS DE SECONDE.

(1) On trouvera à l'Article suivant des explications détaillées relatives aux *Marches d'Harmonie*.

ARTICLE XIII.

ACCORDS DE PROLONGATION APPELÉS AC_
CORD DE NEUVIÈME 9, ET ACCORD DE QUARTE
ET QUINTE 5/4.

MARCHES D'HARMONIE.

AUTRES ACCORDS DE PROLONGATION.

Une note *prolongée*, retardant l'octave dans l'Accord Parfait, produit un Accord composé de *tierce*, *quinte* et *neuvième*, appelé Accord de *Neuvième*.

EXEMPLE.

Cet Accord se chiffre 9. l'Accord Par_ fait qui le suit est chiffré 8 pour indi_ quer que la neuvième fait sa *résolution* sur l'octave.

EXEMPLE.

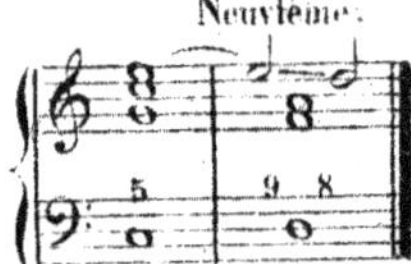

L'octave de la basse ne doit jamais être ajoutée.

Une note *prolongée*, retardant la tierce dans l'Accord Parfait, produit un Accord appelé Accord de *quarte* et qu

EXEMPLE.

Cet Accord se chiffre 5/4

On peut ajouter l'*octave* de la basse.

EXEMPLE.

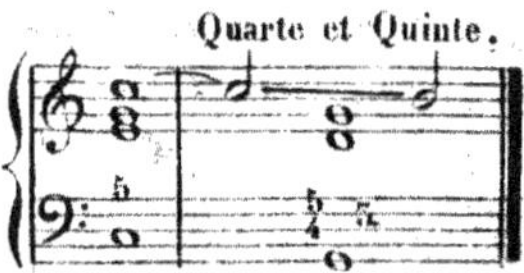

Une *Marche d'Harmonie* est une suite d'Accords, montant ou descendant pro_ gressivement et régulièrement, pendant plusieurs mesures de suite.

On forme des *Marches d'Harmonie* de préférence avec des Accords de *pro_ longation*; et principalement avec les Accords de *Septième*, de *Neuvième* et de *Quarte et Quinte*.

EXEMPLE.

MARCHE DE SEPTIÈMES SE PRÉPARANT ET SE RÉSOLVANT L'UNE PAR L'AUTRE.

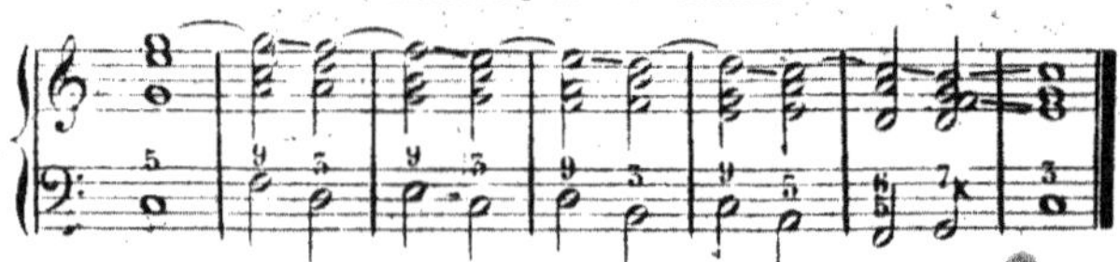

REMARQUE. Dans les *Marches de Septièmes*, on supprime généralement la *quinte* et l'*octave*; et les *septièmes dominantes* et *sensibles* suivent alors les mêmes règles et les mêmes progressions que les *septièmes mixtes*.

MARCHE DE NEUVIÈMES.

On voit par cette Marche que, bien qu'ayant pris naissance du retard de l'octave
la *neuvième* peut se résoudre sur un autre intervalle.

Il en est de même pour les autres Accords de prolongation.

MARCHE DE QUARTE ET QUINTE.

On peut aussi former des *Marches d'Harmonie* avec des Accords *simples*.

EXEMPLE.

MARCHE D'ACCORDS PARFAITS.

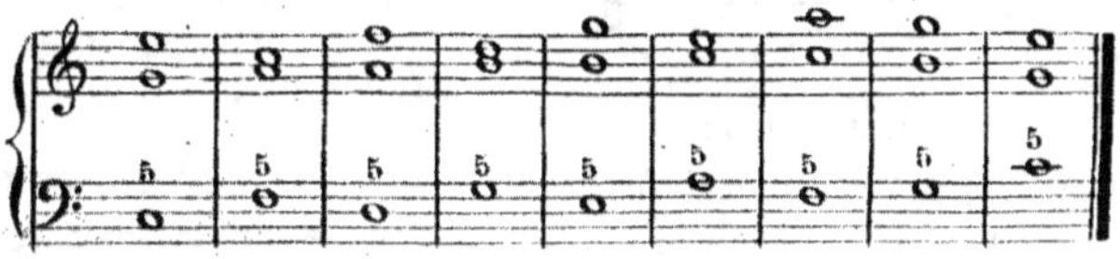

MARCHE D'ACCORDS PARFAITS, DE QUINTES DIMINUÉES, ET DE SIXTES.

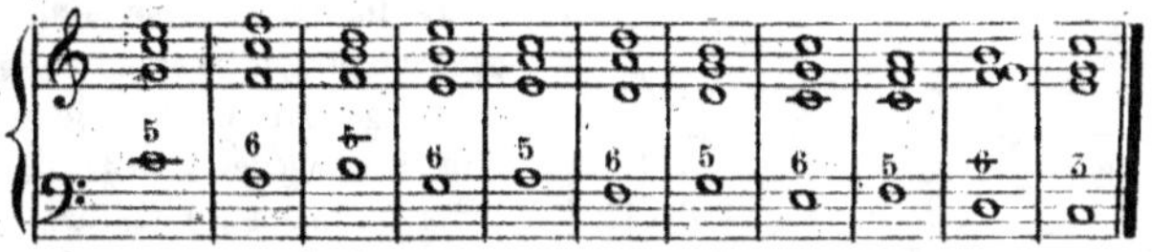

REMARQUE. Dans la plupart des *Marches d'Harmonie*, le ton n'est véritablement déterminé qu'à la
dernière mesure.

Il y a cependant des *Marches d'Harmonie* qui modulent; ces *Marches* ont l'inconvénient d'entraîner
trop loin du ton principal.

EXEMPLE.

MARCHE D'ACCORDS PARFAITS MODULANT À TOUTES LES NOTES.

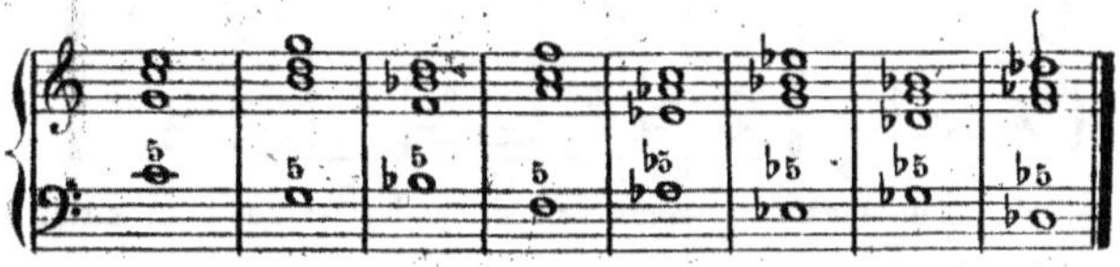

MARCHE DE SEPTIÈMES DOMINANTES MODULANT À TOUTES LES NOTES.

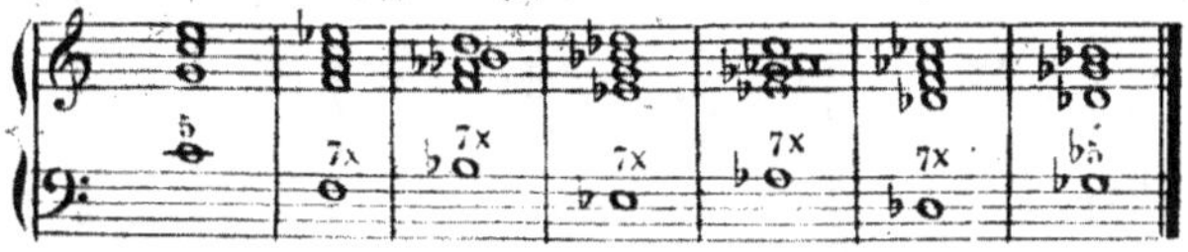

Il existe d'autres Accords de pro_longation que les *septièmes mixtes*, la *neuvième* et la *quarte et quinte*. Parmi les plus usités, il y a d'abord l'Accord de *seconde et quinte*, produit par la *prolongation* à la basse d'une note retardant la *tierce* dans l'Accord de *sixte*, et se chiffrant $\frac{5}{2}$.

EXEMPLE.

Puis ensuite, l'Accord de *quarte et septième*, produit par la *prolongation* d'une note retardant la *sixte* dans l'Accord de *quarte et sixte*, et se chiffrant $\frac{7}{4}$

EXEMPLE.

On peut retarder *deux* notes d'un Accord; ainsi deux notes prolongées retardant la *tierce* et l'*octave* dans l'Accord *Parfait*, produisent un Accord composé de *quarte, quinte et neuvième*, et se chiffrant $\frac{9}{5}$.

EXEMPLE.

REMARQUE. Il y a un grand nombre d'Accords de *prolongation* dans les *basses chiffrées*, ces Accords sont indiqués par autant de chiffres qu'il y a d'intervalles.

ARTICLE XIV.

ALTÉRATIONS DES INTERVALLES COMPOSANT LES ACCORDS.

ACCORDS DE SIXTE AUGMENTÉE ${}^{\times}6 {}^{\times}\frac{6}{5}$.

Les intervalles composant les Accords peuvent être *altérés* passagèrement.

Les Accords dont les intervalles peuvent être *altérés* sont les Accords simples.

Lorsqu'une note d'un Accord *monte* d'un degré à distance d'un ton, on peut *altérer* cette note par un *dièze*.

EXEMPLE.

ALTÉRATION PAR UN DIÈZE DE LA QUINTE DANS L'ACCORD PARFAIT MAJEUR, REPRODUITE DANS SES DEUX RENVERSEMENTS, ET FORMANT ALTÉRATION DE LA TIERCE DANS L'ACCORD DE SIXTE, ET DE LA BASSE DANS L'ACCORD DE QUARTE ET SIXTE.

Lorsqu'une note d'un Accord *descend* d'un degré à distance d'un ton, on peut *altérer* la note par un *bémol*.

EXEMPLE.

ALTÉRATION PAR UN BÉMOL DE LA TIERCE DANS L'ACCORD PARFAIT MAJEUR, REPRODUITE DANS SES DEUX RENVERSEMENTS ET FORMANT ALTÉRATION DE LA BASSE DANS L'ACCORD DE SIXTE ET DE LA SIXTE DANS L'ACCORD DE QUARTE ET SIXTE.

Les Accords *altérés* peuvent être atta_ qués sans être précédés des Accords *na_ turels.*

Il y a trois Accords de *sixte augmen_ tée* provenant tous trois de l'altération à la basse d'un renversement d'Accord.

Le premier Accord de *sixte augmen_ tée* provient de l'*altération* de la *basse* dans l'Accord de *sixte*, premier renverse_ ment de l'Accord de *quinte diminuée.*

Cet Accord est composé de *tierce ma_ jeure et sixte augmentée* et se chiffre 6.

EXEMPLE.

Premier accord de Sixte augmentée.

altération.

Le second Accord de *sixte augmentée* provient de l'*altération* de la *basse* dans l'Accord de *sixte sensible*, second renver_ sement de l'Accord de *septième dominante.*

Cet Accord se compose de *tierce majeu_ re, triton et sixte augmentée*, et se chiffre ×6.

EXEMPLE.

Second accord de Sixte augmentée.

altération.

Le troisième Accord de *sixte augmen_ tée* provient de l'*altération* de la *basse* dans l'Accord de *quinte diminuée et sixte sensible*, premier renversement de l'Ac_

cord de *septième diminuée.*

Cet Accord se compose de *tierce ma_ jeure, quinte juste et sixte augmentée* et se chiffre ×6 5.

On met un signe d'altération devant le cinq quand la quinte doit être altérée.

EXEMPLE.

Troisième accord de Sixte augmentée.

altération.

REMARQUE. Les deux *quintes* de suite qui ont lieu à la *résolution* de cet Accord, et indiquées par des croix dans l'Exemple précédent, sont tolérées, pourvu qu'elles ne soient pas placées entre la basse et la partie supérieure.

Pour éviter ces deux quintes, on résout souvent la *troisième sixte augmentée* sur la *seconde.*

EX:

ARTICLE XV.
CADENCES.

CADENCE PARFAITE, CADENCE IMPARFAITE OU DEMI-CADENCE, CADENCE ROMPUE, CADENCE PLAGALE, TIERCE PICARDE.

On appelle *Cadence*, en Harmonie, un mouvement de *basse*, et une succession d'*Accords* qui déterminent le ton.

Il y a quatre *Cadences*; la *Cadence par_ faite*, la *Cadence imparfaite* ou *demi-Ca_ dence*, la *Cadence rompue* et la *Cadence plagale.*

La *Cadence parfaite*, ainsi nommée parcequ'elle donne l'idée parfaite du ton et du repos, consiste à faire entendre la *dominante* suivie de la *tonique.*

EXEMPLE.

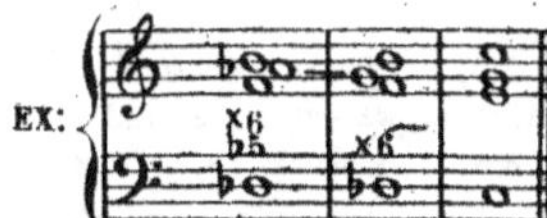

| Cadence parfaite chiffrée par deux accords parfaits. | Cadence parfaite chiffrée par la Septième dominante suivie de l'accord parfait. | Mêmes Cadences parfaites dans le Mode mineur. |

CADENCES PARFAITES DANS DEUX FORMULES LES PLUS USITÉES.

MODE MAJEUR. — 1re Formule. — 2me Formule. *MODE MINEUR.* — 1re Formule. — 2me Formule.

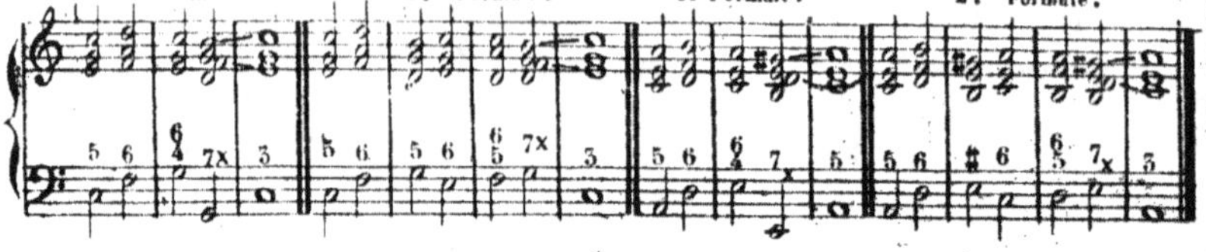

Le *premier* et le *second renversement* de l'Accord de *septième dominante* forment aussi *Cadences parfaites*, lorsqu'ils se résolvent sur la *tonique*.

EXEMPLE.

MODE MAJEUR. — Cadence parfaite. — Cadence parfaite. *MODE MINEUR.* — Cadence parfaite. — Cadence parfaite.

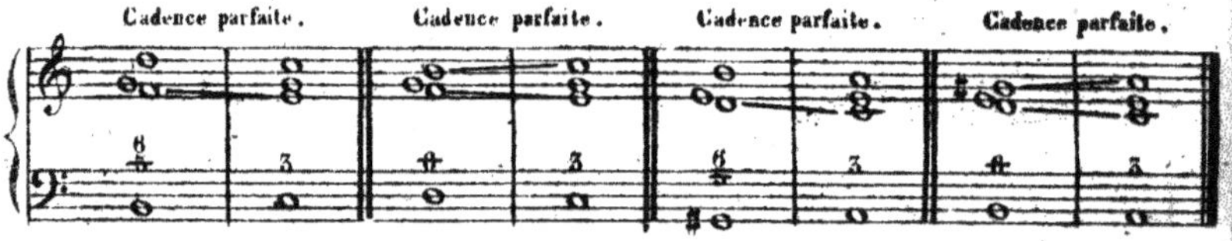

REMARQUE. Ces *Cadences parfaites*, formées des renversements de l'Accord de *septième dominante*, ne donnent pas aussi bien l'idée du repos que les premières formules, allant de la dominante à la tonique. La Cadence parfaite est la plus usitée.

La *Cadence imparfaite* ou *demi-Cadence*, appelée aussi *Cadence à la dominante*, consiste à faire un repos sur la *dominante*. Cette *Cadence* ne fait que suspendre le sens musical, et n'est point un repos final.

EXEMPLE.

DEMI-CADENCES.

Mode majeur.

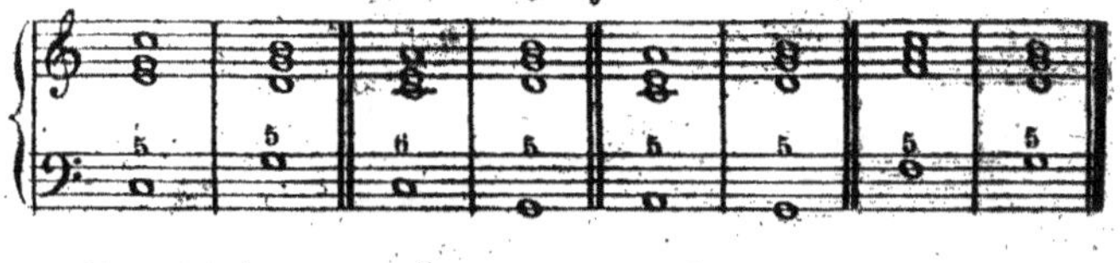

Le repos à la *dominante* se fait toujours sur l'Accord parfait majeur, dans le mode mineur.

EXEMPLE.

DEMI-CADENCES.

Mode mineur.

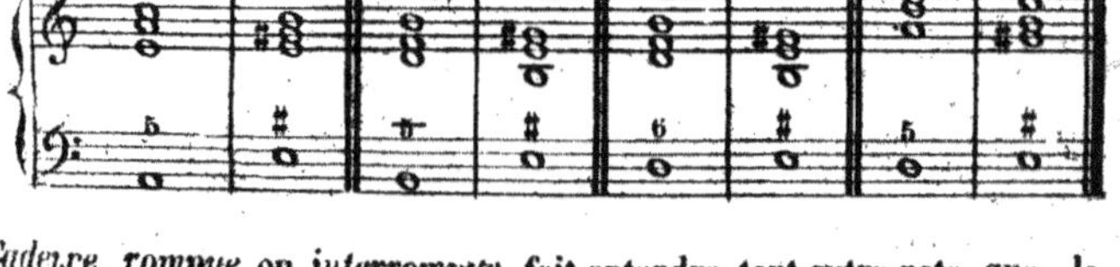

La *Cadence rompue* ou *interrompue*, fait entendre tout autre note que la *tonique* après la *dominante*.

EXEMPLE.

CADENCES ROMPUES.

Mode majeur.

CADENCES ROMPUES.

Mode mineur.

La *Cadence plagale*, consiste à faire entendre la *sous-dominante majeure* ou *mineure*, suivie de la *tonique*.

Cette *Cadence* ne donne pas aussi bien l'idée du repos que la *Cadence parfaite*.

Elle est employée quelquefois dans la *musique religieuse*.

EXEMPLE.

CADENCES PLAGALES.

Mode majeur.

Dans le mode mineur, on emploie de préférence la *sous-dominante mineure*.

La *Tierce picarde* est la *tierce majeure* de la *tonique*, substituée à la *tierce mineure*, pour terminer une formule de Ca-

dence dans le mode mineur. Au moyen de cette tierce la *Cadence finit en majeur*.

EXEMPLE.

CADENCE PICARDE.

REMARQUE. On a donné autrefois, par plaisanterie, à cette tierce, le nom de *picarde*, parcequ'elle trompe l'oreille par une terminaison inattendue.

ARTICLE XVI.

GENRES DIATONIQUE, CHROMATIQUE ET ENHARMONIQUE. HARMONIE DE LA GAMME DIATONIQUE APPELÉE GAMME HARMONIQUE OU RÈGLE DE L'OCTAVE. HARMONIE DE LA GAMME CHROMATIQUE. DEMI-TONS DIATONIQUE ET CHROMATIQUE. ENHARMONIE.

La *Gamme* ordinaire, composée de *cinq*

tons et *deux demi-tons* dans les modes majeur et *mineur*, est appelée *Gamme Diatonique*.

Le *genre* de musique procédant d'après ces gammes, constitue le genre diatonique.

Chaque note de la *gamme diatonique* peut être accompagnée d'un Accord.

La *gamme* accompagnée de l'harmonie qui lui est le mieux appropriée produit une suite d'Accords à laquelle on donne le nom de *Gamme Harmonique* ou *règle de l'octave*.

GAMME DIATONIQUE accompagnée des accords qui lui sont le mieux appropriés et portant le nom de *gamme harmonique* ou *règle de l'octave*.

MODE MAJEUR.

MODE MINEUR.

Une *Gamme* Chromatique est une suite de notes procédant par *demi-tons*, et montant ou descendant graduellement.

On appelle *gamme* cette suite, lorsqu'elle commence et finit par la même note à une ou plusieurs octaves de distance ; autrement ce n'est qu'un passage *chromatique* ou du *genre chromatique*.

On peut accompagner la *Gamme Chromatique* par des accords, elle forme une marche d'harmonie.

EXEMPLE.

GAMME CHROMATIQUE AVEC DES DIÈZES, ACCOMPAGNÉE PAR DES ACCORDS FORMANT MARCHE D'HARMONIE.

GAMME CHROMATIQUE AVEC DES BÉMOLS, ACCOMPAGNÉE PAR DES ACCORDS FORMANT MARCHE D'HARMONIE.

On appelle *demi-ton diatonique*, celui qui est usité dans la gamme diatonique, c'est-à-dire lorsque les notes changent de nom, comme par exemple *mi, fa,* ou *si, ut.* Le demi-ton chromatique est celui où les deux notes ne changent pas de nom comme par exemple *ut* et *ut ♯.*

L'*Enharmonie* est une *modulation* qui se fait au moyen de deux notes changeant de nom sans changer de son d'une manière sensible comme par exemple *ut dièze*

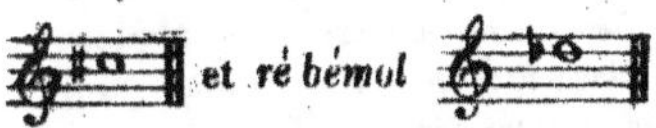 et *ré bémol*

Avec l'*Enharmonie* on passe subitement d'un ton avec des dièzes dans un ton avec des bémols, et le contraire, c'est ce qu'on appelle le genre enharmonique.

EXEMPLE.

REMARQUE. Toute la musique est établie sur le *genre diatonique.*

Les passages du *genre chromatique* et *enharmonique* ne sont usités qu'accidentellement.

ARTICLE XVII.

DES DIFFÉRENTES MANIÈRES DE MODULER.

Lorsque l'on module, il faut que l'*accord parfait* du ton que l'on quitte, conserve dans celui du ton où l'on entre au moins une note commune aux deux accords.

EXEMPLE.

Pour bien établir un ton, il faut surtout faire entendre la *note sensible.*

Le meilleur moyen d'amener cette *note sensible* est de faire entendre la *cadence parfaite.*

EXEMPLE.

Lorsqu'il n'y a pas de ton principal

établi, la manière la plus naturelle de moduler est par *quintes ascendantes et descendantes.* En modulant par *quintes ascendantes,* cela amène un *dièze* de plus à chaque modulation.

EXEMPLE.

Cette modulation est mieux amenée si la *dominante* est liée à l'Accord précédent par d'autres notes.

EXEMPLE.

Lorsque l'on module par *quintes des_
cendantes*, cela amène un *bémol* de plus
à chaque modulation.

EXEMPLE.

REMARQUE. Dans les modulations par *quintes
descendantes*, on n'a qu'à ajouter une *septième
mineure* à l'accord parfait, et, sans autre pré_
paration, le ton suivant se trouve établi.

Cette modulation est donc plus naturelle
que celle par *quintes ascendantes*, cependant,
dans un morceau de musique, la première mo_
dulation se fait de préférence à la *quinte as_
cendante* qui est la *dominante*; celle à la *quinte
descendante* (la sous-dominante) ne se fait
qu'après.

Outre les modulations à la *quinte as_
cendante* (la dominante) et celle à la
quinte descendante (la sous-dominante)

il y a encore la modulation passant du
ton majeur à son *relatif mineur*, et le
contraire.

EXEMPLE.

REMARQUE. Sauf le ton *mineur relatif* de la
sous-dominante, dans un morceau de musique
on peut attaquer, après le *ton principal*, sans
aucun accord intermédiaire, tous les tons rela_
tifs. (Voyez l'ARTICLE VIII ayant pour titre:
des modulations, de la transition des tons re_
latifs et synonymes , Page 19.)

La *modulation* étant une chose adhérente à
la mélodie, et dépendant beaucoup du *senti_
ment* et du caprice, ne peut être assujettie à
des règles par trop positives; on peut donc mo_
duler au moyen de plus ou moins d'accords, sui_
vant l'*inspiration*. Généralement, avec deux ou
trois accords, il est toujours possible de passer
sans dureté, d'un ton dans un autre; que ce ton
soit ou ne soit pas relatif.

EXEMPLE.

MODULATIONS AUX TONS RELATIFS, EN PRENANT UT MAJEUR POUR TON PRINCIPAL.

On a vu plus haut comment on pouvait passer d'*ut* en *sol majeur*, *fa majeur* et *la mi_
neur*; ces modulations ne sont donc replacées ici que comme complément.

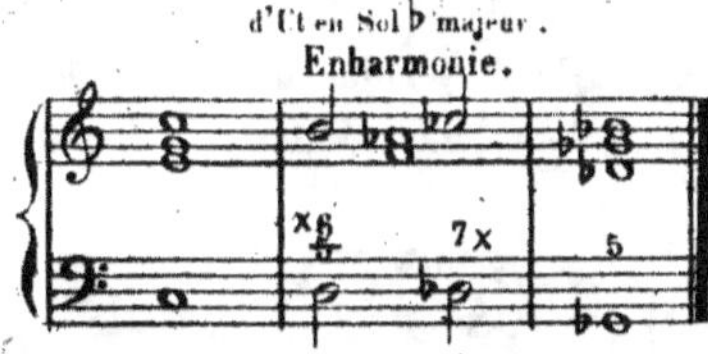

En terminant toutes ces *Modulations* par l'accord *parfait mineur*, au lieu de l'accord *parfait majeur*, on aura des exemples des *Modulations* allant d'*ut majeur* à tous ces mêmes tons mineurs.

ARTICLE XVIII.

PÉDALES.

ACCORD DE ONZIÈME TONIQUE ×7.

AUTRES ACCORDS POUVANT ÊTRE PLACÉS SUR LA PÉDALE.

On appelle *Pédale*, une note tenue à la *basse*, sur laquelle on peut faire passer des accords qui lui sont *étrangers*, mais qui de temps en temps doivent faire entendre la note prolongée.

Cette dénomination vient de ce que, sur l'orgue, la note tenue à la basse est produite par un clavier en *pédales*, qui se joue avec les pieds.

On fait des *Pédales* sur la *tonique* et la *dominante*.

Sur la *Pédale* de *tonique* on emploie souvent l'Accord de *septième dominante* placé sur la dominante.

EXEMPLE.

Accord de Septième dominante placé sur la Tonique.

Quelques auteurs appellent cet Accord *Onzième tonique*, parcequ'en partant de la basse, qui est la *tonique*, il est composé de *quinte, septième, neuvième* et *onzième*. On chiffre cet Accord par un sept précédé d'une croix ×7.

EXEMPLE.

ONZIÈME TONIQUE ×7.

On emploie aussi sur la **Pédale** de tonique la *septième sensible* que l'on chif_fre $^{x7}_6$ et la *septième diminuée* que l'on chiffre $^{x7}_6$ en mettant un signe d'altération devant le six, suivant le ton.

EXEMPLE.

ACCORD DE SEPTIÈME DOMINANTE OU ONZIÈME TONIQUE.

ACCORDS DE SEPTIÈME SENSIBLE ET DE SEPTIÈME DIMINUÉE, PLACÉS SUR LA TONIQUE.

On place aussi sur la pédale de tonique un Accord de seconde augmentée, que l'on chiffre $^{x6}_{x4}$, et auquel on donne une résolution exceptionelle.

On peut *moduler* sur la *pédale de tonique*, en la considérant alternativement comme *tonique* et comme *dominante*.

EXEMPLE.

PÉDALE DE TONIQUE.

On peut placer toutes les *Marches d'Harmonie consonnantes et dissonnantes* sur la **Péda_le dominante.**

Généralement on ne la chiffre pas, parce que la partie placée immédiatement au des_sus de la *pédale* est considérée comme la véritable basse.

La *Pédale* doit toujours commencer par un repos à la *dominante*, et finir par une *Cadence parfaite* ou un repos sur la *dominante*.

EXEMPLE.

PÉDALE DE DOMINANTE.

MARCHE CONSONNANTE TERMINÉE PAR UNE CADENCE PARFAITE.

On donne aussi, par analogie, le nom de *pédale supérieure* ou *pédale intérieure*, à une note tenue à la partie supérieure ou dans les parties intermédiaires.

EXEMPLE.

ARTICLE XIX.

DEGRÉS CONJOINTS, DEGRÉS DISJOINTS.
TEMPS FORTS ET FAIBLES DES DIFFÉRENTES MESURES.
NOTES DE PASSAGE. IMITATIONS.

Le *degré conjoint* est celui qui parcourt l'intervalle mélodique de *seconde*.

EXEMPLE.

DEGRÉS CONJOINTS.

Le *degré disjoint* est celui qui parcourt tout autre intervalle mélodique que celui de *seconde*.

EXEMPLE.

DEGRÉS DISJOINTS.

Les mesures se divisent en temps *forts* et en temps *faibles*.

Le temps *fort* est celui ayant le plus d'effet, c'est-à-dire que l'oreille remarque le plus.

Le temps *faible* est celui qui, comparativement, fait moins d'effet.

Dans la mesure à *deux temps*, le premier temps est *fort*.

Dans la mesure à *trois temps*, le premier et le *deuxième* temps sont forts; dans la mesure à *quatre temps*, le premier et le *troisième* temps sont forts.

Les autres temps sont *faibles*.

Les temps ont eux-mêmes une partie *forte* et une partie *faible*.

La *première* partie d'un temps est toujours la partie *forte*.

Une *Note de passage* est une note ne faisant pas partie de l'Harmonie indiquée par la basse, et passant par *degré conjoint* entre des notes de l'Accord.

La *Note de passage* doit être placée sur un temps *faible*, ou sur la *partie faible* d'un temps.

EXEMPLE.

NOTES DE PASSAGE PLACÉES À LA PARTIE SUPÉRIEURE.

Les Notes de passage sont indiquées par des croix.

NOTES DE PASSAGE PLACÉES À LA BASSE.

42

Une *Imitation* est un dessin régulier formé par plusieurs parties, répétant alter_
nativement la même phrase.

Les *Imitations* sont à l'octave, à la *quarte* ou à la *quinte*, suivant que la partie
qui imite commence à l'octave, à la *quarte* ou à la *quinte* de la partie qui est imitée.

EXEMPLE.

IMITATION À L'OCTAVE SUPÉRIEURE.

MÊME IMITATION AVEC DES NOTES DE PASSAGE

MÊME IMITATION AVEC D'AUTRES NOTES DE PASSAGE.

IMITATION À LA QUINTE INFÉRIEURE.

MÊME IMITATION AVEC DES NOTES DE PASSAGE

MÊME IMITATION AVEC D'AUTRES NOTES DE PASSAGE.

IMITATION À LA QUARTE SUPÉRIEURE.

MÊME IMITATION AVEC DES NOTES DE PASSAGE.

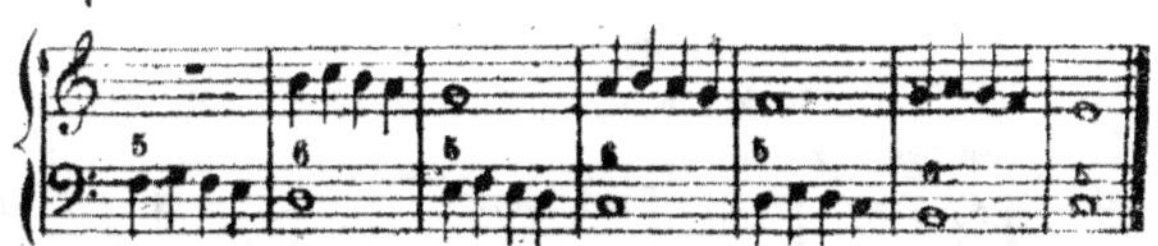

MÊME IMITATION AVEC D'AUTRES NOTES DE PASSAGE

REMARQUE. Les *imitations* à deux parties se font presque toujours sur des *marches d'harmonie*; une *imitation* à trois parties, si les parties imitent l'une après l'autre, ne peut pas se faire sur une *marche d'harmonie*.

EXEMPLE.
IMITATION À TROIS PARTIES À L'OCTAVE INFÉRIEURE.

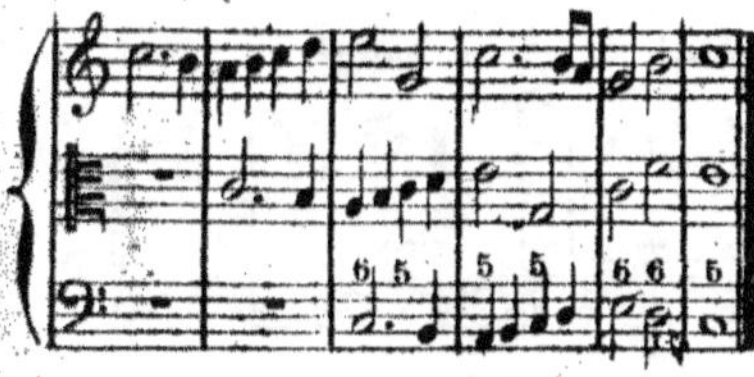

À LA QUINTE SUPÉRIEURE.

À LA QUARTE INFÉRIEURE.

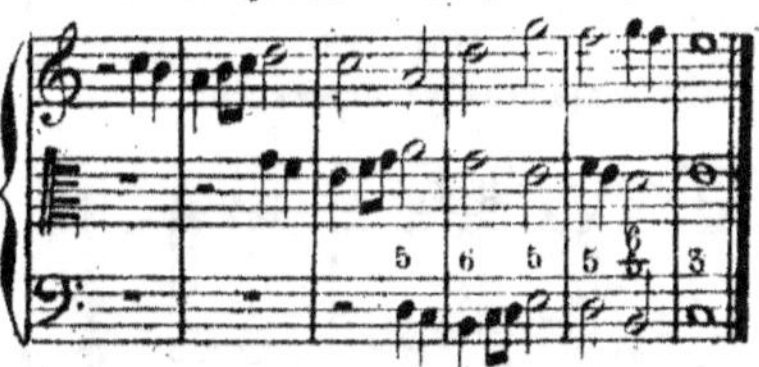

Lorsqu'une partie sert seulement d'accompagnement, il est alors possible d'établir sur une *marche d'harmonie* une imitation à *trois* ou *quatre* parties.

EXEMPLE.
IMITATION À TROIS PARTIES.

IMITATION À QUATRE PARTIES.

⁴⁴ A quatre parties on peut faire des *Imitations doubles*, c'est-à-dire ayant *deux sujets* d'imitation.

Lorsque le dessin d'une *Imitation* est reproduit sans aucun changement, cela s'appelle une *Imitation exacte*.

Une *Imitation* où le même *rhythme* est seulement reproduit, est une Imitation de *quantité*.

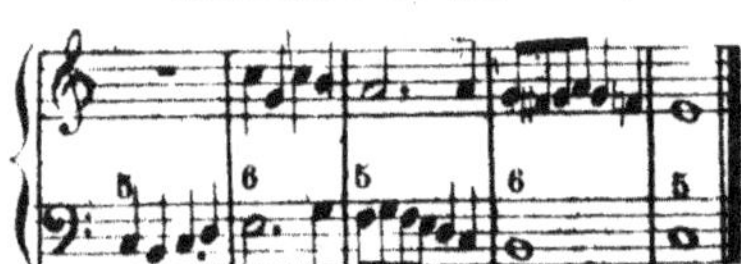

REMARQUE. Les Imitations à l'octave, à la quinte et à la quarte sont appelées *régulières*, parceque les demi-tons de la gamme se reproduisent de la même manière à toutes les parties qui s'imitent; on peut cependant faire des Imitations aux autres intervalles; ces imitations sont nommées *irrégulières* et sont moins usitées que les autres. Dans l'ancienne musique on trouve encore des Imitations par *mouvement contraire*, *retrogrades*, par *augmentation* ou *diminution*. Ces Imitations sont tout-à-fait exclues de la musique moderne.

ARTICLE XX.

DE L'APPOGIATURE MÉLODIQUE ET HARMONIQUE.

Une *Appoggiature* est une note étrangère à l'harmonie et placée isolément à un degré supérieur ou inférieur de la note réelle; l'Appoggiature peut être attaquée sur le temps fort.

Les Appoggiatures sont indiquées par des croix.

APPOGGIATURES À LA BASSE.

Les *Appoggiatures* sont souvent indiquées par des petites notes.

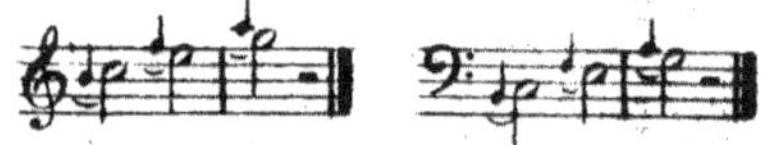

Lorsque l'*Appoggiature* n'est composée que d'*une note*, on l'appelle *Appoggiature simple*.

L'*Appoggiature* est *double* lorsqu'on fait précéder la note réelle des *deux*

Appoggiatures **supérieure** et **inférieure**, se suivant immédiatement.

Les *Appoggiatures doubles* s'écri-vent en petites notes.

EXEMPLE.

APPOGGIATURES DOUBLES À LA PARTIE SUPÉRIEURE.

APPOGGIATURES DOUBLES À LA BASSE.

Les *Appoggiatures mélodiques* sont celles qui ne se font qu'à une seule partie, comme les exemples précédents.

Lorsqu'une *Appoggiature* fait en-tendre plusieurs notes à la fois, elle s'appelle *Appoggiature harmonique*.

Généralement elle est écrite en pe-tites notes.

EXEMPLE.

APPOGGIATURES HARMONIQUES À LA PARTIE SUPÉRIEURE.

APPOGGIATURES HARMONIQUES À LA BASSE

ARTICLE XXI.

DE L'ANTICIPATION MÉLODIQUE ET HARMONIQUE.

On appelle *Anticipation* une note qui anticipe sur l'harmonie du temps suivant.

EXEMPLE.

ANTICIPATION FORMANT SYNCOPE À LA PARTIE SUPÉRIEURE.

Cette *Anticipation* ne peut se faire à la basse.

On emploie quelquefois l'*Anticipation* dans la Cadence parfaite, à la partie su-périeure ou à la *basse*.

EXEMPLE.

Les *Anticipations mélodiques* sont celles qui ne se font qu'à une seule partie, comme les exemples précédents.

Lorsqu'une *Anticipation* forme un Accord, elle s'appelle *Anticipation harmonique*.

EXEMPLE.
ANTICIPATION HARMONIQUE À LA PARTIE SUPÉRIEURE.

ANTICIPATION HARMONIQUE À LA BASSE.

REMARQUE. On ne doit user que très-sobre_ment de l'*Appoggiature* et de l'*Anticipation*, attendu que ces notes artificielles, dénatu_rent l'harmonie réelle et lui ôtent sa fran_chise.

ARTICLE XXII.
DE LA BASSE SOUS LE CHANT.
DE LA MANIÈRE D'APPRENDRE À ÉCRIRE LES BASSES.

La Basse et l'Harmonie d'une mé_lodie font partie de cette mélodie, et doivent être appropriées à son carac_tère particulier.

Sous un même Chant, on peut faire différentes Basses régulières.

Les Basses sont donc, comme la mo_dulation, du domaine de l'imagination, et par cette raison, ne peuvent être astreintes à des règles immuables.

Il y a cependant des principes élé_mentaires qu'il faut toujours observer.

Ces principes sont:

Les règles de l'Harmonie en général.

Commencer et finir par la tonique accompagnée de l'Accord Parfait, à moins d'exceptions très rares, surtout pour finir, où l'unisson peut seulement remplacer quelquefois l'Accord Parfait.

Faire sentir la modulation, le plus souvent par l'Accord de Septième do_minante, ou ses renversements, de maniè_re à ce que le ton ne soit jamais douteux.

Pour donner un exemple élémentaire des diverses manières dont on peut accompagner. le même Chant je vais placer sous les notes des Basses et des Harmonies différentes.

BASSES ET HARMONIES DIFFÉRENTES PLACÉES SOUS LES MÊMES NOTES.

En employant la Modulation et la Cadence rompue, on peut encore trouver d'autres Basses et d'autres Harmonies sur les mêmes notes.

EXEMPLE.

Je conseille aux Professeurs de faire écrire des Basses aux Elèves, dès qu'ils connaissent l'*Accord Parfait*, l'Accord de *quinte diminuée*, l'Accord de *septième dominante* et leurs renversements; pour cela le Professeur donnera à l'Elève une partie supérieure dans le genre de la suivante.

EXEMPLE.

PARTIE SUPÉRIEURE DONNÉE PAR LE PROFESSEUR À L'ÉLÈVE.

L'Elève devra, sous cette partie supérieure, mettre une Basse chiffrée et réaliser l'Harmonie, dont la note supérieure sera toujours celle donnée par le Professeur.

EXEMPLE.

PARTIE SUPÉRIEURE DONNÉE PAR LE PROFESSEUR.

Harmonie réalisée par l'élève.

Basse écrite et chiffrée par l'élève.

Les leçons écrites par le Professeur devront être plus compliquées à mesure que l'Elève se familiarisera avec les différents Accords.

ARTICLE XXIII.
DE L'ANALYSE MUSICALE.
DES ACCORDS ARPÉGÉS.

Une étude excellente, et que je ne saurais trop recommander, est l'*Analyse musicale*.

Pour faire cette *Analyse*, il faut choisir d'abord dans les ouvrages des Compositeurs estimés un morceau, soit de *piano seul*, soit de *chant* et *piano*, et en chiffrer les Basses; en se rendant compte de la Mélodie, des Accords, des Modulations, et enfin de tout ce qui constitue la Composition musicale.

Cette Analyse ne peut être faite que lorsqu'on a la connaissance complète de l'Harmonie, mais pour les Elèves studieux elle est d'une grande utilité.

Dans la musique de piano, c'est toujours la Basse, exécutée par la main gauche, qui fait entendre la note fondamentale de l'Accord, et qui par conséquent doit être chiffrée.

EXEMPLE.

On appelle *Accord arpégé*, celui dont les notes sont entendues l'une après l'autre.

Dans l'exemple précédent, les Accords sont arpégés aux deux premières mesures; dans les mesures suivantes, bien que la partie supérieure fasse entendre l'Accord après la Basse, c'est toujours cette note de Basse qui doit être chif_frée, parce que c'est elle qui fait enten_dre la note fondamentale de l'Accord.

ARTICLE XXIV.
CONSIDÉRATIONS GÉNÉRALES SUR L'HARMONIE ET LA FORMATION DES ACCORDS.
RÉSUMÉ.

Les *Accords* se divisent en deux catégories, formant l'*Harmonie simple* et l'*Harmonie composée*.

L'*Harmonie simple* comprend les Accords pouvant être attaqués sans *préparation*.

L'*Harmonie composée* comprend les Accords de *prolongation*, ou *retards*, qui doivent toujours être préparés.

En partant d'*Ut* et en échelonnant toutes les notes de la gamme par tierces superposées, on trouve, dans les modes majeur et mineur, une série de tierces formant l'*Harmonie simple ou naturelle*.

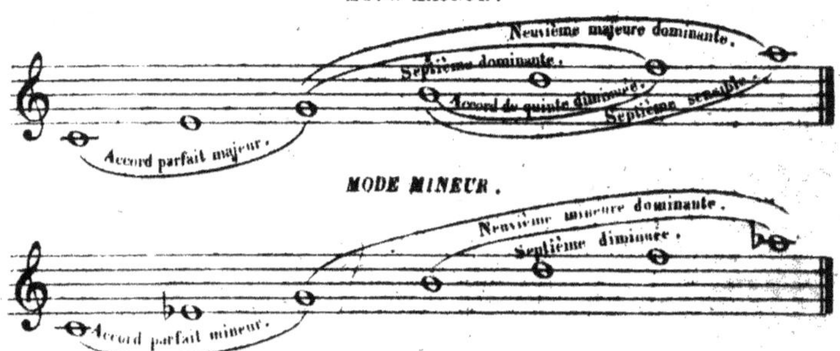

D'où l'on pourrait conclure que les Accords naturels ou fondamentaux, ont été graduellement formés en ajoutant des tierces les unes au-dessus des autres.

Tout Accord composé de *tierces super_posées* est un Accord *fondamental*; tout Accord contenant une *seconde*, une *quarte* ou une *sixte*, est un *renversement* ou un *retard*.

Primitivement les *Accords* étaient en très petit nombre. L'Harmonie et la Mé_lodie, destinées seulement à la musique d'église, n'exprimaient que des senti_ments calmes et religieux.

La musique vocale, en se transportant de l'église au théâtre, a pris des formes nouvelles; outre les changements surve_nus dans la mélodie et le rhythme, des accords plus compliqués ont été trou_vés en cherchant à exprimer les diffé_rentes passions représentées dans les drames lyriques; la musique instrumen_tale a suivi le même mouvement, et c'est ainsi que se sont introduites graduelle_ment dans l'harmonie un grand nom_bre de *dissonances* non *préparées* et de *prolongations*, les *altérations*, les mo_dulations *fréquentes*, l'*enharmonie*, les *appoggiatures* et les *anticipations*.

D'autres artifices harmoniques seront peut-être encore découverts dans la suite, par le désir toujours renaissant de créer des effets nouveaux; cependant, il est per_mis de penser, d'après tout ce qui a été fait, qu'il serait très difficile d'inventer de nouvelles combinaisons *agréables à l'oreille*, ayant pour effet de modifier d'une manière importante les règles ac_tuelles de l'Harmonie, déjà si éloignées de leur simplicité primitive.

ABRÉGÉ MÉTHODIQUE.
DE LA MÉLODIE, DU CONTREPOINT,
DU CANON ET DE LA FUGUE.

ARTICLE I.
DE LA MÉLODIE.

La *Mélodie* est divisée par des *repos* et des *demi-repos* formant des *phrases*.

Ces *repos* et ces *demi-repos* constituent une *ponctuation musicale* sous-entendue, et correspondant au *point* et à la *virgule*.

Le plus ordinairement, les *repos* et les *demi-repos* sont placés à des distances de *deux*, *quatre* ou *huit* mesures.

EXEMPLE.

Les mesures composant une phrase doivent toujours être comptées à partir du temps frappé.

Cette *Mélodie* a huit mesures, composant trois phrases.

La première et la seconde *phrase* ont chacune *deux* mesures, et sont indiquées par des *demi-repos*.

La troisième, composée de *quatre* mesures, est terminée par un *repos*.

L'*Harmonie* caractérisant un repos est toujours une *Cadence parfaite*.

On trouve rarement des phrases de *six* mesures.

Les phrases de *trois*, *sept* ou *neuf* mesures, très peu usitées, sont généralement d'un effet vague.

Le génie créateur fait seul trouver des mélodies neuves et saisissantes.

Il est à remarquer que les plus grands Compositeurs sont ceux qui ont créé les mélodies les plus développées.

Il est bien entendu que la longueur d'une mélodie n'en fait pas seule le mérite, mais que l'ampleur de l'inspiration, jointe au charme et à l'originalité, constituent la perfection.

ARTICLE II.
DU CONTREPOINT SIMPLE ET
DU CONTREPOINT DOUBLE.

On se servait autrefois de *points* pour indiquer les *notes*.

A cette époque, en mettant *point contre point*, on formait des compositions à plusieurs voix, auxquelles on donnait le nom de *Contrepoint*, et qui étaient exécutées à l'Eglise.

Plus tard on a écrit le *Contrepoint* avec des valeurs de notes n'étant plus représentées par des points, mais la dénomination de *Contrepoint* est toujours restée.

L'harmonie étant en ce temps là très restreinte, les règles du *Contrepoint* n'admettent qu'un petit nombre d'Accords.

Les *consonnances parfaites* et *imparfaites* peuvent seules être attaquées sans préparation. La *quarte* est considérée comme *dissonance* et, ainsi que les autres *intervalles dissonnants*, doit toujours être *préparée*.

Le *Contrepoint* sert d'*accompagnement* où plutôt d'ornement à un *Chant donné*, ou le plus ordinairement à une *partie*, composée de notes d'*égales valeurs* et que l'on appelle *plain-chant*.

On s'exerce à l'étude du *Contrepoint* en l'écrivant d'abord à *deux voix*, c'est-à-dire en ajoutant à un *plain-chant* une partie que l'on place alternativement à la partie *supérieure* et à la *basse*.

50

Il y a cinq espèces de *Contrepoints*, employées comme études.

La *première*, écrite en *rondes*, s'appelle *Contrepoint note contre note*.

La *deuxième* s'écrit en *blanches*.

La *troisième* en *noires*.

La *quatrième* en *blanches syncopées*.

La *cinquième* est la réunion des autres espèces.

On l'appelle *Contrepoint fleuri*, on peut y ajouter des valeurs de *croches*.

Ces cinq espèces forment le *Contrepoint simple*.

EXEMPLE.
CONTREPOINT DE PREMIÈRE ESPÈCE, APPELÉ CONTREPOINT NOTE CONTRE NOTE.

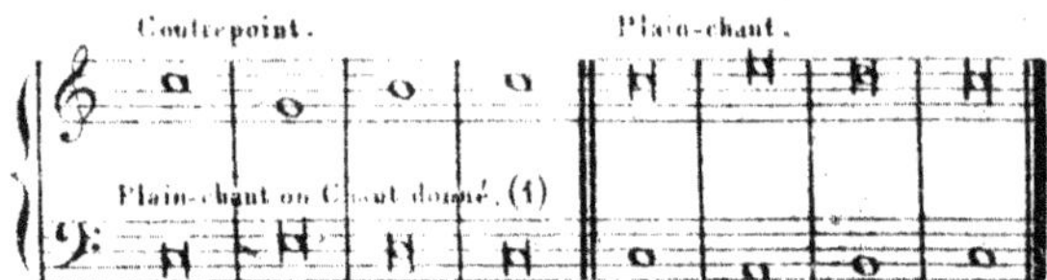

Le *plain-chant* est écrit en *notes carrées* représentées pour le distinguer du *Contrepoint* ajouté.

DEUXIÈME ESPÈCE.
EN BLANCHES.

TROISIÈME ESPÈCE.
EN NOIRES.

QUATRIÈME ESPÈCE.
EN BLANCHES SYNCOPÉES.

CINQUIÈME ESPÈCE.
MÉLANGE DES AUTRES ESPÈCES, AUQUEL ON PEUT AJOUTER DES VALEURS DE CROCHES, ET QUE L'ON APPELLE CONTREPOINT FLEURI.

(1) Ce *plain-chant* n'est qu'un extrait pour servir d'Exemples.
Le *plain-chant* complet a toujours au moins dix mesures.

PLAIN-CHANT COMPLET.

Il n'est permis de faire des *disson_nances* que dans la *quatrième* et la *cin_quième* espèce, parcequ'elles peuvent être toujours *préparées* :

On écrit le *Contrepoint* à *trois* et *qua_tre* parties, en suivant le même ordre qu'à *deux*, et en faisant passer alterna_tivement le plain-chant ainsi que le Con_trepoint en blanches, noires, blanches syn_copées et fleuri à toutes les parties.

Les autres parties sont écrites en rondes.

A cinq, six, sept et huit parties, on n'écrit que la *première* espèce (note con_tre note) et la *cinquième* (Contrepoint fleuri).

Le *Contrepoint fleuri* est celui qui

était anciennement usité dans les E_glises; aussi, depuis *trois* jusqu'à *huit* parties, on le place à toutes les voix, d'abord séparément, puis ensemble pour accompagner le *plain-chant*.

Un Compositeur Italien nommé PA_LESTRINA, s'est rendu célèbre au sei_zième siècle, par la manière à la fois pure et élégante dont il a su traiter ce genre de composition vocale.

On appelle *Contrepoint double* à l'oc_tave, à la *dixième* et à la *douzième*, un *Contrepoint* écrit de manière à ce que, renversé à ces intervalles, il soit con_forme aux règles du *Contrepoint simple*; le nom de *Contrepoint double* lui est donné à cause de cette double faculté.

EXEMPLES.

CONTREPOINT DOUBLE À L'OCTAVE.

CONTREPOINT DOUBLE À LA DIXIÈME.

CONTREPOINT DOUBLE À LA DOUZIÈME.

Les *Contrepoints* à la *dixième* et à la *douzième* ont toujours été très peu u_sités. Le *Contrepoint double* à l'octave est employé dans la *Fugue* comme on le verra plus loin.

Parmi les *Contrepoints* que l'on écri_vait autrefois, il y avait encore le Con_

trepoint par *mouvement contraire*, ré_*trograde*, *rétrograde et contraire*, *inver_se contraire*. Ces *Contrepoints* ne peu_vent être maintenant d'aucune utilité et n'ont jamais été considérés que comme des difficultés mathématiques plus ou moins bien résolues.

ARTICLE III.

DU CANON.

Un *Canon* est une *Imitation continue* plus développée que l'Imitation ordinaire.

Le mot *Canon* vient d'un mot Grec qui signifie *règle*; à cause de la sévérité des règles de ce genre de composition:

Dans le style ancien, les *Canons* sont soumis, relativement à la préparation des dissonances, aux mêmes règles que le Contrepoint, et ils sont écrits en mesures doubles.

Dans le style moderne, les *Canons* sont écrits en mesures simples, et ne sont astreints qu'aux règles ordinaires de l'harmonie.

De même que pour les *Imitations*, on peut faire des *Canons* à tous les intervalles; mais les plus usités sont, pour le style ancien, l'*octave*, la *quinte* et la *quarte*; et pour le style moderne, l'*octave* et l'*unisson*.

EXEMPLES.

CANONS DANS LE STYLE ANCIEN.
à l'octave inférieure.

À LA QUINTE INFÉRIEURE.

À LA QUARTE SUPÉRIEURE.

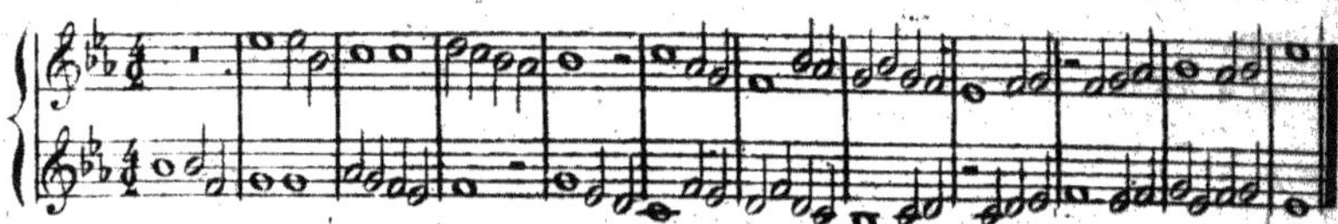

CANONS DANS LE STYLE MODERNE À L'OCTAVE INFÉRIEURE.

Le Canon suivant, à l'unisson, est devenu populaire.

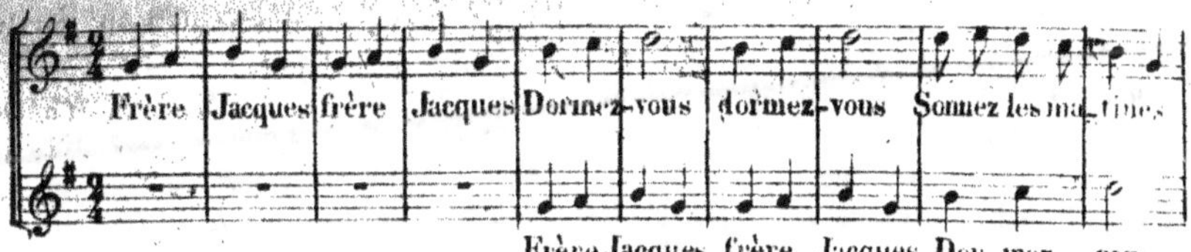

On peut écrire des *Canons* à un très grand nombre de voix.

Anciennement on attachait assez d'importance à ce genre de composition.

Les *Canons* étaient très variés et portaient des titres dont voici la nomenclature : *Canon circulaire, à soupir, fermé, ouvert, par augmentation, perpétuel, renversé et énigmatique*; La plupart de ces Canons étaient des jeux d'esprit, et, de même que les Contrepoints recherchés, appartiennent plutôt aux mathématiques qu'à la Composition musicale.

ARTICLE IV.
DE LA FUGUE.

La *Fugue* est un perfectionnement de l'*Imitation* et du *Canon*.

Beaucoup plus développée que le *Canon*, elle est assujettie à des règles particulières qui ont été modifiées et complétées avec le temps.

Le mot *Fugue* vient du latin *fuga, fuite*; à cause du mouvement des différentes parties qui semblent se chercher et s'éviter alternativement.

Une phrase de plusieurs mesures, répétée dans différents tons relatifs, est le *Sujet* avec lequel la *Fugue* est composée.

Quand la *Fugue* est à deux voix, et que le *Sujet* est placé à la partie supérieure, il est suivi à la basse de son Imitation, que l'on appelle la *Réponse*.

Le *Sujet* et la *Réponse* ne doivent pas établir d'autres tons que la *tonique* et la *dominante*.

Lorsque le *Sujet* va de la *dominante* à la *tonique*, la *Réponse* doit aller de la tonique à la *dominante*, et le contraire.

EXEMPLE.

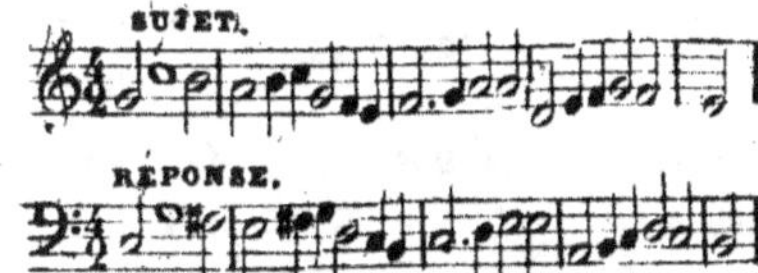

Ce *Sujet* fait, au commencement, un mouvement de *quarte*, de la *dominante* à la *tonique*.

La *Réponse* fait un mouvement de *quinte* de la *tonique* à la *dominante*, pour rester dans les cordes tonales.

Cette différence de mouvement s'appelle une *mutation*; après cette *mutation*, la *réponse* est une *imitation* exacte à la *quarte inférieure*.

On accompagne le *sujet* et la *réponse* par une partie en *contrepoint double* que l'on appelle *contresujet*.

Dans la *Fugue* à deux voix, après que la partie supérieure a fait entendre le *sujet* seul, la *basse* exécute la *réponse* accompagnée du *contresujet*.

Ensuite, on fait quelques mesures en *imitations*, on donne à ces *imitations* le nom d'*Episodes* ou divertissements; ces *Episodes* qui doivent toujours être dans le style du sujet ou du contresujet, ramènent la *réponse* suivie du *sujet*; c'est ce que l'on appelle l'*EXPOSITION*.

EXEMPLE.
EXPOSITION D'UNE FUGUE À DEUX VOIX.

Après cette *exposition*, on fait entendre le *sujet* suivi de la *réponse* au *relatif mineur*, puis à la *sous-dominante* ou à la *dominante*.

Ces différentes *modulations* sont amenées par des *épisodes* tirés du sujet ou du contresujet, afin que la *Fugue* conserve toujours son unité.

A la suite de ces *modulations*, vient la *Strette*, mot dérivé de l'italien *stretta*, (étroite) indiquant qu'à cet endroit, le dialogue imitatif des parties doit se reserrer.

L'intérêt de la *strette*, consiste à présenter de nouveau le *sujet* et la *réponse* dans le ton primitif, mais en faisant entrer la *réponse* sur les premières mesures du *sujet*.

Cette entrée doit être assujettie aux règles du *contrepoint* double, afin de pouvoir être renversée.

Toutes les fois que le sujet le permet, on peut faire plusieurs strettes, à la condition de réserver pour la fin, celles dont les entrées sont les plus reserrées.

EXEMPLE.

Lorsqu'une *Fugue* est à plus de deux voix, après la *strette*, on place une *pédale* sur la *dominante* à la *basse*.

Sur cette *pédale*, on rappelle le *sujet* et le *contresujet*; quelquefois, si le sujet le permet, on y met une *strette*.

On peut écrire la *Fugue* depuis *deux* jusqu'à *huit* parties.

Il y a des *Fugues* dans le style ancien et dans le style moderne.

Le style ancien exige que la Fugue soit écrite en *mesure double*, et qu'elle soit astreinte aux règles du *Contrepoint*, concernant la préparation de toutes les dissonnances.

Le style moderne permet d'écrire la Fugue en mesure simple, en se conformant aux règles actuelles de *l'Harmonie*.

Les *Fugues* peuvent être *vocales* et *instrumentales*.

Les *Fugues instrumentales* sont généralement dans le style moderne.

Les Compositeurs Allemands ont écrit pour l'orgue une grande quantité de *Fugues*, parmi lesquelles on cite, comme les plus remarquables, celles de *JEAN SEBASTIEN BACH*.

ARTICLE V.

CONSIDÉRATIONS GÉNÉRALES
SUR LE CONTREPOINT ET LA FUGUE.

A mesure que la musique dra_
matique a pris plus d'importance ,
en agrandissant les proportions de la
Mélodie et en augmentant les ressour_
ces de l'Harmonie, elle s'est populari_
sée, et peu à peu a détourné et acca_
paré la faveur du Public, en lui fai_

sant négliger les compositions dont
il vient d'être parlé.

La suppression des Maîtrises (1), où
de jeunes Élèves étudiaient spéciale _
ment la musique religieuse, a été aussi
pour beaucoup dans cet abandon.

Le *Contrepoint* et la *Fugue* sont
cependant toujours usités à l'Église
et reconnus comme les meilleures é_
tudes pour rompre à toutes les diffi_
cultés de l'Harmonie, en apprenant à
écrire naturellement avec pureté et
élégance.

---

(1) Les Maîtrises étaient des institutions de musique établies aux frais des cathédrales.

Elles furent abolies en 1789, époque où fut institué le Conservatoire de musique et de déclamation, où le *Contrepoint* et la *Fugue* sont encore étudiés, mais par un petit nombre d'Élèves.

TABLE.

ABRÉGÉ MÉTHODIQUE

DE LA MÉLODIE, DU CONTREPOINT, DU CANON ET DE LA FUGUE.